QuickWinter Warmers

Quick
Winter Warmers

Rezepte: Jo McAuley

Jedes Gericht in drei Varianten

30 Minuten | 20 Minuten | 10 Minuten

First published in Great Britain in 2014 by Hamlyn, an imprint of Octopus Publishing Group Ltd, Endeavour House, 189 Shaftesbury Avenue, London WC2H 8JY. Titel der englischen Originalausgabe: Hamlyn QuickCook: WinterWarmers.

Rezepte: Jo McAuley
Übersetzung: Annerose Sieck, Neumünster
Lektorat: Brigitte Lotz, Bochum
Herstellung: Ortrud Müller – Die Buchmacher, Köln

Printed and bound in China

ISBN: 978-3-86528-777-9

Besuchen Sie uns im Internet: www.umschau-buchverlag.de

Alle Rezepte gehen von den folgenden Mengenumrechnungen für Löffel-Maßangaben aus:
1 Esslöffel (Flüssigkeit oder gestrichen) = 15 ml
1 Teelöffel (Flüssigkeit oder gestrichen) = 5 ml

Bitte heizen Sie Ihren Ofen auf die angegebene Temperatur vor. Bei Heißluft- oder Umluftöfen folgen Sie bitte den Angaben des Herstellers zu Backtemperaturen und -zeiten.

Bitte verwenden Sie für die Rezepte mittelgroße Eier, sofern nicht anders angegeben. Dieses Buch enthält einige Rezepte mit rohen oder nur kurz gekochten Eiern. Gesundheitlich anfällige Personen (Schwangere, stillende Mütter, ältere Menschen, Kranke, Babys und Kleinkinder) sollten Gerichte mit ungekochten oder nur kurz gekochten Eiern meiden.

Dieses Buch enthält Rezepte, in denen Nüsse und Nussprodukte verwendet werden. Allergiker und Menschen, die anfällig für allergische Reaktionen gegen Nüsse sind (Schwangere, stillende Mütter, ältere Menschen, Kranke, Babys und Kleinkinder), sollten Rezepte mit Nüssen und Nussöl meiden. Wir empfehlen außerdem, die Etiketten der verwendeten Produkte auf Angaben zu enthaltenen Nüssen und/oder Nussprodukten zu prüfen. Zubereitungen mit Alkohol sind nicht für Kinder und Jugendliche geeignet.

FP = Fertigprodukte | TK = Tiefkühlprodukte

Inhalt

Einleitung

30, 20, 10 – schnell, schneller, am schnellsten

Mit diesem Kochbuch lässt sich auch mit wenig Zeit lecker kochen: Wählen Sie einfach das Rezept, das am besten in Ihren Zeitplan passt. Anregungen und Motivation für jeden Tag des Jahres finden Sie auf den folgenden Seiten.

So funktioniert's

Jedes der Rezepte kann auf dreierlei Art zubereitet werden: als 30-Minuten-Version, 20-Minuten-Version oder als superschnelle 10-Minuten-Version. Am Anfang eines Kapitels sind alle Rezepte nach Zubereitungszeit aufgeführt. Wählen Sie aus, wofür Sie gerade Zeit haben, und schlagen Sie die entsprechende Seite auf.

Auf jeder Doppelseite finden Sie ein Hauptrezept mit Foto und darunter zwei Varianten mit jeweils unterschiedlicher Zubereitungszeit.

Hat es Ihnen geschmeckt? Dann probieren Sie doch auch die anderen Versionen. Wenn Sie die Hähnchenbrust mit Wintergemüse aus dem Ofen (30 Minuten) mögen, aber nur 10 Minuten Zeit für die Zubereitung haben, können Sie das Rezept in der kürzeren Variante ausprobieren.

Sie mochten die Zutaten und den Geschmack der Erbsen-Porree-Suppe (10 Minuten)? Dann probieren Sie doch auch den etwas aufwendigeren Kartoffeleintopf mit Porree und Erbsen (30 Minuten). Oder wählen Sie einfach ganz nach Geschmack eines der 360 köstlichen Rezepte und kochen dann die Version, die zu Ihrem Zeitbudget passt.

Noch mehr Anregungen finden Sie auf den Rezeptideenseiten 12 bis 19, dort sind die Rezepte nach Themen geordnet, zum Beispiel *Klassische Wintergerichte* oder *Feines und Gesundes mit Fisch*.

Winterliches Wohlfühlessen

In den manchmal ziemlich ungemütlich kalten und nassen Wintermonaten wünscht man sich oft nichts sehnlicher, als sich unter einer warmen, kuscheligen Decke zu verkriechen. Erst wenn der Frühling vor der Tür steht, verspürt man wieder Lust, das Haus zu verlassen. Auch wenn die kalte Jahreszeit Menschen, Tieren und Pflanzen einiges abverlangt, gibt es doch eine Vielzahl von Gründen, den Winter willkommen zu heißen. Zu den besonderen Vorzügen gehört die köstliche Welt der saisonalen Leckerbissen: Da warten zum Beispiel vom Frost süß gewordene Pastinaken und schlanke, aromatische Porreestangen darauf, in der Küche schmackhaft zubereitet zu werden.

Draußen bitterkalt, drinnen wohlig warm

Bei klirrendem Frost machen Sie es sich am besten zu Hause gemütlich und genießen ein paar Snacks und Leckereien, die Körper und Seele zugleich erwärmen. In der Winterküche geht es stets um die Balance von warmen Gewürzen, reichen Aromen, Farben und Texturen. Ganz gleich, ob Sie Appetit auf einen dampfenden Teller „Tomaten-Chorizo-Suppe" (Seite 108) oder auf eine zarte „Fisch-Pie mit Brunnenkresse" (Seite 198) haben oder Ihnen der Sinn nach einem herrlich süßen Stück „Winterbeerentorte mit Baiserhaube" (Seite 272) steht, in diesem Buch finden Sie das Richtige: Rezepte für nasse und windige Tage, die Sie davor bewahren, in den Winterschlaf zu fallen, Gerichte, die dem Winterblues den Garaus machen, und viele Anregungen, die Sie zu kulinarischen Abenteuern in der Küche einladen.

Vorräte für die Winterküche

Sobald die kalte Jahreszeit vor der Tür steht, sollten Sie Vorratsschrank, Kühlschrank und Tiefkühltruhe mit einigen grundlegenden Zutaten bestücken. So sparen Sie sich bei schlechtem Wetter das Einkaufen und können kurzfristig und schnell etwas Schmackhaftes zubereiten. Unerlässlich ist ein Vorrat an Zwiebeln, Knoblauch, Kartoffeln, Karotten, Porree und Sellerie. Mit diesen Zutaten haben Sie alles Wichtige für eine Suppe oder einen Eintopf beisammen. Halten Sie außerdem eine Auswahl an Brühwürfeln bereit oder – noch besser – tiefgefrorene, selbst gekochte Brühen. Denn diese geben jedem Gericht mehr Aroma und Geschmack.

Eine gute Reserve sind auch Nahrungsmittel aus dem Tiefkühlfach und in Dosen. Insbesondere Bohnen und Hülsenfrüchte aus der Dose, etwa Kichererbsen, Limabohnen, weiße Bohnen, Kidneybohnen und Linsen, bereichern jede Mahlzeit und liefern dazu noch gesunde Nährstoffe. Wenn es wie im Winter aus saisonalen Gründen oftmals nicht möglich ist, frische Produkte zu verarbeiten, können Obst und Gemüse tiefgefroren oder aus der Dose ein guter Ersatz sein.

In der kalten Jahreszeit, wenn nur die härtesten Winterkräuter im Freien überleben, benötigen Sie eine Auswahl an getrockneten Kräutern und Gewürzen, um die alltägliche Küche geschmacklich zu variieren. Mit einem guten Würzsortiment lassen sich außerdem köstliche exotische Gerichte kreieren.

Haben Sie genügend Vorräte im Haus, müssen Sie nur gelegentlich einige Extras hinzukaufen: etwas gewürfelten italienischen Bauchspeck für den „Bohneneintopf mit Pancetta“ (Seite 106), ein Stück frischen Ingwer für die „Muscheln in Curry-Wein-Marinade“ (Seite 48) oder einige dünne Scheiben Rinderfilet für eine richtige Cowboymahlzeit, den „Rindfleisch-Bohnen-Schmortopf“ (Seite 110).

Am besten kochen Sie gleich größere Mengen und frieren die überzähligen Portionen für später ein. Wenn Sie den Einkauf einmal zeitlich nicht schaffen, werden Sie froh sein, auf derartige Vorräte zurückgreifen zu können. Das Kapitel „Herzhafte Suppen & Eintöpfe“ gibt Ihnen dazu viele Inspirationen.

Gesund durch den Winter

Mit nahrhaften, energiespendenden Gerichten, zubereitet aus wertvollen Nahrungsmitteln, sorgen Sie dafür, dass Sie und Ihre Familie auch in der kalten Jahreszeit fit bleiben. Das Kapitel „Extrapower für das Immunsystem“ bietet dafür eine Fülle von Rezepten. Natürlich sollte man sich das ganze Jahr über ausgewogen ernähren, doch für den Winter hat dies noch einmal eine besondere Bedeutung. In der kalten Jahreszeit sind Körper und Immunsystem in der Regel nämlich etwas geschwächt, weil es an natürlichem Tageslicht mangelt. Um seine Temperatur halten zu können, benötigt der Körper Kraft, und auch die körpereigene Abwehr fordert ihren Tribut, um im Kampf gegen Bakterien und Viren bestehen zu können. Vor dem Angriff dieser Übeltäter können Sie sich aber wirksam schützen: Treiben Sie möglichst oft

Sport, schlafen Sie genug, trinken Sie viel Wasser und essen Sie gut und ausgewogen. Achten Sie beim Essen vor allem auf die essenziellen Proteine, Vitamine, Fette und Mineralien, an denen es im Winter schnell mangelt. So können Sie selbst dazu beitragen, gesund und fit zu bleiben.

Mit dem Mangel an natürlichem Tageslicht kann auch ein Defizit an Vitamin D einhergehen. Das Vitamin wird normalerweise produziert, wenn unser Körper Sonnenlicht bekommt. Aber auch über die Ernährung, vor allem über fettreiche Fischsorten, lässt sich der Vitamin-D-Speicher wieder füllen. Makrele, Sardine und Hering führen Ihrem Körper nicht nur die wichtigen Vitamine, sondern gleichzeitig auch Omega-3-Fette zu, die für den Stoffwechsel von großer Bedeutung sind.

Im Winter kann es schnell auch zu Eisenmangel kommen, der sich in Müdigkeit und Anämie ausdrückt. Um dies zu verhindern, essen Sie reichlich dunkelgrüne Gemüsesorten wie Spinat und Kohl sowie rotes Fleisch, Austern, Muscheln, Linsen und Kichererbsen – all diese Nahrungsmittel besitzen einen hohen Eisengehalt.

Wenn die Erkältung Sie dennoch erwischt hat, finden Sie im Kapitel „Extrapower für das Immunsystem" auch Rezepte, die Sie schnell wieder auf die Beine bringen. Probieren Sie doch einmal einen wohltuenden Teller „Anti-Erkältungssuppe" (Seite 132), das Endorphin-Wunder „Chiliburger hot & spicy" (Seite 164) oder den Nebenhöhlen-Freimacher „Lachs mit Chili und Ingwer" (Seite 138) aus!

Wohltuende Wintergerichte

Dieses Buch zeigt Ihnen, dass köstliche Rezepte für Leib und Seele weder Kohlenhydratbomben noch einseitige, langweilige Kost sein müssen. Ganz im Gegenteil. Nach dem Essen fühlen Sie sich rundum wohl und sind zufrieden. Jeder Mensch hat seine besonderen „Glücklichmacher". Unabhängig von den persönlichen Vorlieben sollte das Gericht aber auch immer zur jeweiligen Stimmung passen. Wie wäre es zum Beispiel mit einer großen Schüssel „Tagliatelle mit Fleischbällchen" (Seite 224) oder einem „Kürbis-Salbei-Risotto" (Seite 180)? Als Alternative zur Flucht unter die warme Bettdecke zaubern Sie sich einen kulinarischen Trostspender. Wonach Ihnen auch immer der Sinn steht, im Kapitel „Hauptgerichte für Leib & Seele" werden Sie mit Sicherheit fündig.

Saisonale Produkte

Wählen Sie, wenn möglich, Nahrungsmittel, die gerade Saison haben. Die riesige Bandbreite an frischen Lebensmitteln, die das ganze Jahr über in den Supermarktregalen liegen, lassen uns vergessen, dass manche Obst- und Gemüsesorten in unseren Breiten im Winter gar nicht wachsen. Verzichten Sie lieber auf Obst und Gemüse, das Tausende von Kilometern um die Erde geflogen wurde, um hier bei uns in den Geschäften zu landen. Machen Sie den Winter sommerlicher, indem Sie stattdessen lieber Tiefgefrorenes essen. Oft enthält tiefgefrorenes Obst und Gemüse mehr Vitamine und Mineralstoffe als seine Schwestern und Brüder, die von weither eingeflogen werden. Greifen Sie im Winter auch auf getrocknete Produkte sowie in Maßen auf Konservendosen zurück.

Die folgende Auswahl nennt Produkte, die zumindest in einigen Wintermonaten in unseren Breiten frisch erhältlich sind. Sie werden Sie in den Rezepten wiederfinden.

Obst: Äpfel, Clementinen, Datteln, Feigen, Grapefruits, Mandarinen, Orangen und Zitronen.

Gemüse: Blumenkohl, Brunnenkresse, Karotten, Kartoffeln, Kohl, Kürbis, Pastinaken, Pilze, Porree, Radicchio, Rosenkohl, Rote Bete, Sellerie, Süßkartoffeln, Topinambur, Wintergrün und Zwiebeln.

Fisch und Meeresfrüchte: Kabeljau, Makrele, Muscheln, Austern und Garnelen.

Auf die Plätze, fertig, los!

Und nun viel Spaß beim Kochen und Backen. Beleben Sie die langen Wintertage, widmen Sie sich dem Kapitel „Winterdesserts & süße Leckereien" und zaubern Sie nach Herzenslust Köstlichkeiten. Denn was könnte schöner sein, als nach einem stürmischen, eiskalten Nachmittagsspaziergang warme, frisch gebackene „Rosinen-Zimt-Scones" (Seite 256) zu essen – oder „Schichtpudding mit Schokoladencookies" (Seite 252), der in weniger als 20 Minuten auf dem Tisch steht? Der herrliche Geruch, der beim Backen und Kochen durchs Haus zieht, wird selbst an einem grauen Tag die Gemüter beleben.

Klassische Wintergerichte

Aromatisches zum Wohlfühlen auch in der dunklen Jahreszeit

Knoblauchmuscheln mit Käsehaube 36

Bratkartoffeln mit Wintergemüse 98

Lamm-Spinat-Curry 148

Lachs-Linsen-Bratlinge 162

Chiliburger hot & spicy 164

Baked Beans mit Speck 184

Fischpie mit Brunnenkresse 198

Zwiebel-Käse-Toast 202

Steak Stroganoff 210

Birnen-Blaubeer-Pie 254

Rosinen-Zimt-Scones 256

Winterbeerentorte mit Baiserhaube 272

Beliebt bei Kindern

Herzhafte und süße Leckerbissen, bei denen Kids gerne zugreifen

Käse-Speck-Tarte 68

Pilzeintopf mit Wurst 118

Polenta-Pommes mit Arrabiata-dip 182

Käse-Thunfisch-Tasche 190

Tortellini vom Grill mit Käse und Speck 194

Wurstpizza mit Oliven 208

Fischschnitzel mit Zitronen-aroma 214

Cottagepie mit Erbsen 218

Lamm-Auberginen-Auflauf 226

Waffeln mit Ingwersirup 242

Buttercookies mit weißer und dunkler Schokolade 252

Mandarinen-Vanille-Brownies 258

Für liebe Gäste, die im Winter an die Tür klopfen

Schmackhafte Gerichte für ein geselliges Beisammensein

Zwiebel-Pilz-Pastete 40

Austern mit Schalotten und Speck 42

Feigen-Prosciutto-Salat mit Gorgonzola 52

Rote-Bete-Tarte mit Ziegenkäse 60

Linguine mit Sardinen 174

Butternut-Salbei-Nudeln 180

Bœuf Bourguignon 192

Hähnchen-Salami-Pasta auf Cacciatore-Art 212

Ricotta-Cannelloni mit Schinken 216

Panettonepudding mit Himbeeren 236

Blätterteiggebäck mit Vanillepudding und Pflaumen 244

Schokoladenküchlein mit Datteln 246

Wärmende Eintöpfe

Einfach in der Zubereitung, vollmundig im Geschmack … und dazu Dessert

Erbsen-Porree-Suppe 82

Peperonata mit Kartoffeln und Schweinefilet 100

Bohneneintopf mit Pancetta 106

Kürbis-Reis-Schüssel mit Schinken 112

Wirsingsuppe mit Rosmarinpesto 114

Tajine mit Rotkohl und Rote Bete 158

Kohl-Speck-Pfanne 166

Champignonpilaw mit Spinat 168

Fischeintopf mit Kichererbsen 170

Obstsalat mit winterlichem Zimtaroma 234

Kirsch-Aprikosen-Cobbler 268

Schokoladenpudding mit Birnen 276

Herzhafte Fleischmahlzeiten

Raffinierte Gerichte, die Ihre Speisekarte bereichern

Speck-Brie-Muffins 46

Käse-Speck-Tarte 68

Lamm-Gnocchi-Eintopf 88

Schwarzaugenbohnen mit Wursteinlage 92

Tomaten-Chorizo-Suppe 108

Rindfleisch-Bohnen-Schmortopf 110

Chilisuppe à la Mexiko 122

Lamm mit Grünkohl und Tomatensalsa 136

Schweinegulasch mit Bohnen und Paprika 154

Medaillons Milanese mit Wurzelgemüse 188

Wurst-Salsa-Sandwich 222

Tagliatelle mit Fleischbällchen 224

Feines und Gesundes mit Fisch

Neuer Schwung für den Stoffwechsel durch wertvolle Fette

Köstliches mit Geflügel

Proteinreiche Mahlzeiten, die selbst Bären aus dem Winterschlaf wecken

Clementinen-Walnuss-Salat mit geräucherter Entenbrust 64

Hähnchen-Spinat-Eintopf 78

Süßkartoffelsuppe mit Hähnchenstreifen 90

Mulligatawny-Suppe aus dem Becher 96

Thai-Hühnerbrühe 116

Anti-Erkältungssuppe 132

Zitronenhähnchen aus dem Wok 160

Hähnchen in Blätterteig 186

Hähnchenbrust mit Wintergemüse aus dem Ofen 196

Geflügelbällchen auf kreolische Art 204

Hähnchen-Pilz-Reis 206

Fetahähnchen mit Spitzpaprika 220

Buntes Gemüse von A bis Z

Ausgewogene vegetarische Gerichte im würzigen Wintergewand

Quick Winter Warmers

Genießersnacks für den Kaminabend

Rezepte nach Zubereitungszeit

30

20

10

10 Topinamburchips mit Salbeisalz

Für 4 Personen

400 g Topinambur
2 TL fein gehackte Salbeiblätter
1 EL grobes Meersalz
Pflanzenöl zum Frittieren

- Das Öl in einer tiefen Pfanne oder einem Topf auf 180–190 °C erhitzen. Das Öl sollte so heiß sein, dass ein kleiner Brotwürfel innerhalb 1 Minute kross ist.
- Die Topinamburknollen gut waschen, trocknen und mit einem Gemüsehobel in sehr dünne Scheiben schneiden.
- Jeweils einige Handvoll Topinambur ins Öl geben und die Scheiben in etwa 1 Minute darin goldbraun frittieren. Mit einem Schaumlöffel herausnehmen und auf Küchenpapier abtropfen lassen. So fortfahren, bis alle Chips frittiert sind.
- Salbei und Salz mischen. Die Chips in eine Schüssel geben, sofort mit dem Salbeisalz bestreuen und servieren.

---

20 **Topinambur-Salbei-Salat** In einer großen Pfanne 1 EL Olivenöl mit 25 g Butter erhitzen und 400 g geschälten und in dünne Scheiben geschnittenen Topinambur hinzufügen. Bei mittlerer Hitze unter gelegentlichem Wenden in 10–12 Minuten goldbraun braten. 2 Minuten vor Bratende 1 gehackte Knoblauchzehe und 2 TL gehackte Salbeiblätter zugeben, mit Salz und frisch gemahlenem Pfeffer würzen. In der Zwischenzeit 1 Handvoll gemischte Wintersalatblätter auf 4 Tellern anrichten. Topinambur darauf verteilen, mit gehobeltem Parmesan bestreuen und mit etwas Olivenöl beträufeln. Nach Belieben noch warm mit Zitronenspalten servieren.

---

30 **Topinambur-Salbei-Teigtaschen** Den Backofen auf 200 °C vorheizen. In einem Topf leicht gesalzenes Wasser zum Kochen bringen und 400 g geschälten und gewürfelten Topinambur etwa 8 Minuten darin garen. In der Zwischenzeit in einer Pfanne 25 g Butter zerlassen und 2 geputzte, in Scheiben geschnittene Porreestangen bei mittlerer Hitze 5–6 Minuten darin dünsten. 2 Rollen Blätterteig (je 320 g) aus dem Kühlregal ausrollen und jeweils 4 Kreise (12 cm) ausstechen. Die Hälfte der Teigkreise auf ein leicht gefettetes Backblech legen. Den Topinambur abgießen, wieder in den Topf geben und mit dem gegarten Porree, 75 g Roquefort und 2 TL gehackten Salbeiblättern vermischen. Die Füllung jeweils in die Mitte der Teigkreise geben, die Ränder mit verquirltem Eigelb bestreichen, die restlichen Teigkreise auflegen und am Rand fest zusammendrücken. Mit Eigelb bestreichen und jeweils ein kleines Loch einschneiden. Im Backofen in 15–18 Minuten goldbraun backen. Noch heiß mit Wintersalat servieren.

10 Rote-Bete-Hummus mit Meerrettich

Für 4–6 Personen

300 g gegarte Rote Bete, grob gewürfelt
2 EL Sahnemeerrettich (aus dem Glas)
1 Dose Kichererbsen (400 g), abgespült und abgetropft
½ TL gemahlener Kreuzkümmel
2 EL Olivenöl
1 TL Zitronensaft
Salz und frisch gemahlener Pfeffer
2 EL Schnittlauchröllchen und 100 g Crème fraîche zum Garnieren

- Im Küchenmixer Rote Bete mit Meerrettich, Kichererbsen, Kreuzkümmel, Olivenöl, Zitronensaft und je einer guten Prise Salz und Pfeffer zu einer glatten Paste verarbeiten.
- In Schälchen füllen und mit jeweils einem Tupfer Crème fraîche garnieren. Mit Schnittlauch bestreuen und zu Pittabrot reichen.

---

20 Rote-Bete-Salat mit Meerrettichdressing In einer Pfanne 1 EL Olivenöl erhitzen und 2 klein geschnittene Knoblauchzehen bei schwacher Temperatur 2 Minuten darin andünsten. 1 TL Kreuzkümmelsamen einrühren und 1 Minute miterhitzen, dann 500 g in Stücke geschnittene gegarte Rote Bete zugeben und 3–4 Minuten erwärmen. Die Pfanne vom Herd nehmen und 125 g gewaschene, trocken geschüttelte Rucolablätter unterziehen. In der Zwischenzeit 2 TL Meerrettich mit 1 TL Zitronensaft, 3 EL Crème fraîche und 2 TL Schnittlauchröllchen vermengen. Nach Geschmack würzen. Den warmen Salat anrichten und das Dressing darüberträufeln.

---

30 Rote-Bete-Suppe mit Meerrettich In einem großen Topf 2 EL Olivenöl erhitzen und 2 gehackte Schalotten, 2 gehackte Knoblauchzehen und ½ TL Kreuzkümmelsamen 4–5 Minuten unter gelegentlichem Rühren darin dünsten. 750 g geschälte und gewürfelte Rote Bete hinzufügen. 750 ml Hühner- oder Gemüsebrühe zugießen und 20 Minuten köcheln lassen, bis die Rote Bete gar ist. In der Zwischenzeit 2 TL Meerrettich mit 2 EL Crème fraîche und 1 TL Zitronensaft vermischen und abschmecken. Die Suppe glatt pürieren, in Suppentassen füllen und vor dem Servieren jeweils mit einem Tupfer Meerrettichcreme garnieren und mit Schnittlauchröllchen oder Petersilienblättchen bestreuen.

30 Krebsfleisch auf Vollkorntoast

Für 4 Personen

175 g zerlassene Butter, abgekühlt
½ TL edelsüßes Paprikapulver
1 Prise Cayennepfeffer
1 Prise geriebene Muskatnuss
2 TL Zitronensaft
2 EL gehackte Petersilienblätter
450 g Krebsfleisch
4 Scheiben Vollkorntoast
Salz und frisch gemahlener Pfeffer
Zitronenspalten zum Garnieren

- Die zerlassene Butter in eine Schüssel geben und mit den Gewürzen, Zitronensaft, Petersilie und je 1 Prise Salz und Pfeffer gut vermischen.
- Das Krebsfleisch hinzufügen und unterrühren. Die Mischung in 4 kleine Schüsseln füllen, mit Frischhaltefolie abdecken und mindestens 20 Minuten kalt stellen.
- Das würzige Krebsfleisch auf Toastscheiben anrichten und mit Zitronenspalten servieren.

---

10 **Krebs-Zitronen-Mayonnaise** In einer Schüssel 450 g Krebsfleisch mit 4 EL Mayonnaise, 1 TL edelsüßes Paprikapulver, 1 Prise Cayennepfeffer, 1 Prise geriebener Muskatnuss, 2 TL Zitronensaft und 1 EL gehackten Petersilienblättern vermischen. Mit etwas frisch gemahlenem Pfeffer würzen und sofort zu Vollkorntoast servieren. Ansonsten bis zum Verzehr im Kühlschrank kalt stellen.

20 **Krebscocktail mit Crostini** Auf 4 Salattellern 2 klein geschnittene Salatherzen mit 1 Handvoll Brunnenkresse anrichten. 1 geschälte, entsteinte und in Scheiben geschnittene Avocado und 8 geviertelte Kirschtomaten darauf verteilen. 300 g Krebsfleisch auseinanderzupfen und darauflegen. Für das Dressing 4 EL Mayonnaise mit 2 TL Tomatenketchup, 2 TL Zitronensaft, ½ TL edelsüßes Paprikapulver, 1 Prise Cayennepfeffer und 1 Prise geriebener Muskatnuss verrühren. 1 kleines Baguette in dünne Scheiben schneiden und knusprig toasten. Den Cocktail mit den Crostini und dem Mayonnaisedressing servieren.

20 Auberginen-Knoblauch-Bruschetta

Für 4 Personen

2 Auberginen
2 EL Olivenöl zzgl. etwas zum Beträufeln
4 große, dicke Scheiben Landbrot
1 Knoblauchzehe, halbiert
150 g Kräuterfrischkäse
1 Handvoll Brunnenkresse oder Feldsalat
Salz und frisch gemahlener Pfeffer

- Die gewaschenen und trocken geriebenen Auberginen in etwa 5 mm dicke Scheiben schneiden und mit 2 EL Olivenöl bestreichen.
- Eine Grillpfanne bei mittlerer Temperatur erhitzen und die Auberginenscheiben portionsweise darin von jeder Seite 2–3 Minuten braten, bis sie weich sind und braune Grillstreifen haben.
- In der Zwischenzeit das Brot goldbraun toasten. Jeweils eine Seite mit der Schnittfläche der Knoblauchzehe einreiben, dann mit etwas Salz und Pfeffer würzen. Das Brot dick mit Frischkäse bestreichen.
- Die Auberginen auf den Brotscheiben verteilen und mit Brunnenkresse oder Feldsalat garnieren. Vor dem Servieren mit etwas Olivenöl beträufeln.

---

10 **Antipastitoast** In einer Pfanne 2 EL Pinienkerne in 3–4 Minuten ohne Fett goldbraun rösten, auf einem Teller beiseitestellen. 4 Scheiben Landbrot toasten und dick mit Kräuterfrischkäse bestreichen. Auf 4 Tellern jeweils eine Handvoll junge Spinatblätter anrichten. 250 g gegrillte Antipasti aus dem Glas, z. B. Auberginen, Pilze, Paprika, Artischocken, auf dem Spinat verteilen. Mit den Pinienkernen bestreuen und zu den Käsetoasts servieren.

30 **Auberginen mit Polenta** Den Backofen auf 200 °C vorheizen. 4 Chorizo (würzige spanische Wurst) auf ein kleines Backblech legen und im Backofen 10–15 Minuten garen. In der Zwischenzeit 2 Auberginen waschen, trocken reiben, in etwa 5 mm dicke Scheiben schneiden und mit 2 EL Olivenöl bestreichen. In einer Grillpfanne die Scheiben portionsweise von jeder Seite 2–3 Minuten anbraten und warm halten. In einem kleinen Topf 100 g Butter zerlassen und bei schwacher Hitze 2 gehackte Knoblauchzehen, ½ TL Chiliflocken und 1 TL gehackte Salbeiblätter etwa 3–4 Minuten darin dünsten, bis der Knoblauch weich, aber nicht gebräunt ist. Beiseitestellen und warm halten. 600 ml Gemüsebrühe zum Kochen bringen und 100 g Polenta hinzufügen. Dabei ständig rühren, damit sich keine Klümpchen bilden. Die Polenta bei schwacher Hitze in 5 Minuten eindicken lassen. Den Topf vom Herd nehmen, 75 g Kräuterfrischkäse unterrühren und nach Geschmack würzen. Die Polenta auf Tellern anrichten, Auberginen und Chorizo dazulegen und mit Knoblauchbutter beträufelt servieren.

10 Lachsrillette mit Blini

Für 4–6 Personen

36 Mini-Blini aus dem Kühlregal
300 g gebratenes Lachsfilet
150 g Frischkäse
1–2 TL süße Chilisauce
2–3 TL Zitronensaft
Salz und frisch gemahlener Pfeffer
1 Handvoll Schnittlauchröllchen oder gehackte Korianderblätter zum Garnieren

- Den Backofen auf 180 °C vorheizen. Die Blini in Alufolie wickeln und im Backofen nach Packungsanleitung erwärmen.
- In der Zwischenzeit die Haut vom Lachs abziehen, das Fleisch zerkleinern und in eine Schüssel legen. Die restlichen Zutaten hinzufügen und alles mit einer Gabel bis zur gewünschten Konsistenz verarbeiten. Nach Geschmack würzen.
- Die Rillette zu den warmen Blini servieren und mit Schnittlauch oder Koriander bestreuen.

---

20 Räucherlachs und Chili-Blini 125 g Mehl, ½ TL Backpulver und je 1 Prise Salz und frisch gemahlenen Pfeffer in eine Schüssel sieben. Dann in die Mitte eine Vertiefung drücken. 1 großes Ei trennen. Das Eigelb mit 175 ml Milch, 1 EL Schnittlauchröllchen, 1 EL süßer Chilisauce und 2 EL Crème fraîche in die Vertiefung geben. Die Zutaten zu einem glatten Teig verrühren. Das Eiweiß steif schlagen und unter den Teig heben. In einer Pfanne 15 g Butter zerlassen und aus der Hälfte des Teigs 3 große Blini backen. Nach 2–3 Minuten wenden und 1 Minute weiterbraten. Herausnehmen, warm halten und aus dem Restteig 3 weitere große Blini zubereiten. 125 g Frischkäse mit 1 EL süßer Chilisauce, 1 TL Zitronensaft, 2 TL gehackten Korianderblättern und je 1 Prise Salz und Pfeffer verrühren. Die Blini dick damit bestreichen. Mit dünnen Räucherlachsscheiben belegen.

30 Kanapee-Blini mit Rillette In einer Schüssel 300 g gebratenes Lachsfilet zerkleinern und mit 150 g Frischkäse, 1–2 TL süßer Chilisauce, 2–3 TL Zitronensaft sowie Salz und frisch gemahlenem Pfeffer zu einer Rillette verarbeiten. Für die Blini 125 g Mehl, ½ TL Backpulver und je 1 Prise Salz und frisch gemahlenen Pfeffer in eine Schüssel sieben. In die Mitte eine Vertiefung drücken. 1 großes Ei trennen. Das Eigelb mit 175 ml Milch, 1 EL Schnittlauchröllchen, 1 EL süßer Chilisauce und 2 EL Crème fraîche in die Vertiefung geben. Die Zutaten zu einem glatten Teig verrühren. Das Eiweiß steif schlagen und unter den Teig heben. In einer Pfanne 15 g Butter zerlassen, den Teig esslöffelweise in die Pfanne geben und ca. 1–2 Minuten backen, bis die Oberfläche Blasen wirft. Wenden und in weiteren 30–60 Sekunden goldbraun braten. Warm halten und nach und nach die anderen Blini backen, gegebenenfalls noch weitere Butter hinzufügen. Die Blini mit der Rillette servieren.

10 Pilzsalat mit Kräutern

Für 4 Personen
75 g Butter
2 Knoblauchzehen, fein gehackt
1 EL gehackte Kräuter, z. B. Kerbel, Petersilie, Estragon, Schnittlauch
250 g gemischte Pilze, z. B. Champignons, Waldpilze, Steinpilze, Pfifferlinge, grob zerteilt
Sauerteig- oder Landbrot, in dünne Scheiben geschnitten

- In einer Pfanne die Butter mit Knoblauch und Kräutern zerlassen, bis sich Schaum bildet. Die Pilze zugeben und bei mittlerer Hitze 3–4 Minuten braten, bis sie eine goldbraune Farbe haben.
- In der Zwischenzeit eine Grillpfanne erhitzen und das Brot darin rösten, bis es Grillstreifen hat. Zum Servieren Brotscheiben auf Tellern anrichten und die Butterpilze jeweils darauf verteilen.

---

20 **Pilztopf mit Ei aus dem Ofen** Den Backofen auf 200 °C vorheizen. In einer Pfanne 75 g Butter mit 2 fein gehackten Knoblauchzehen und 1 EL gehackten Petersilienblättern zerlassen, bis sich Schaum bildet. 250 g geputzte, grob zerkleinerte gemischte Pilze zugeben und bei mittlerer Hitze 3–4 Minuten braten. In der Zwischenzeit 150 g Sahne mit je 1 Prise Salz und frisch gemahlenem Pfeffer würzen. Die Pilze untermengen und die Mischung in 4 ofenfeste Schalen füllen. Jeweils 1 Ei darauf aufschlagen und die Schalen in eine Backform setzen. Diese zur Hälfte mit Wasser füllen und die Pilztöpfe im Backofen 7–8 Minuten garen. Das Eiweiß sollte fest sein, das Eigelb jedoch noch weich. Mit Sauerteigbrot servieren.

---

30 **Pilze in Rotwein** Den Backofen auf 190 °C vorheizen. 12 kleine Wiesen- oder Portobello-Champignons in eine Schüssel legen und mit 3 EL Olivenöl, 125 ml Rotwein, 2 gehackten Knoblauchzehen, 2 EL gehackten Petersilienblättern und je 1 Prise Salz und frisch gemahlenem Pfeffer mischen. Die Pilze mit dem Stiel nach oben nebeneinander in eine Auflaufform setzen, die Flüssigkeit zugeben und im Backofen in etwa 15 Minuten weich garen. Auf getoastetem Sauerteigbrot servieren, mit den Bratensäften beträufeln und mit reichlich gehackten Petersilienblättern bestreuen.

30 Knoblauchmuscheln mit Käsehaube

Für 4 Personen

50 g Butter
2 Schalotten, gehackt
3 Knoblauchzehen, gehackt
125 ml trockener Weißwein
625 g Muscheln, gebürstet, ohne Bart
50 g grobe Semmelbrösel
2 EL fein gehackte Petersilienblätter
fein abgeriebene Schale von 1 unbehandelten Zitrone
2 EL geriebener Parmesan
1 EL Olivenöl

- Den Backofengrill auf mittlerer Stufe vorheizen. In einem großen Topf die Butter bei mittlerer Temperatur zerlassen und Schalotten und 2 Knoblauchzehen darin in 5–6 Minuten weich dünsten. Den Wein zugießen und zum Kochen bringen.
- Die Muscheln in den Topf geben (zuvor alle aussortieren, die sich nicht schließen, wenn man gegen die Schale klopft) und zugedeckt 3–5 Minuten sanft köcheln lassen, bis sich alle geöffnet haben. Den Topf zwischendurch leicht rütteln. Muscheln, die sich nicht geöffnet haben, wegwerfen. Etwas abkühlen lassen.
- In der Zwischenzeit Semmelbrösel, Petersilie, den restlichen Knoblauch, Zitronenschale, Parmesan und 1 EL Öl vermengen.
- Die leeren halben Schalen entfernen und die Muschelhälften nebeneinander auf ein großes Backblech legen.
- Die Semmelbrösel-Mischung auf die Muscheln streichen und das Ganze unter dem Backofengrill in 2–3 Minuten goldbraun und knusprig backen.

---

10 **Muscheln in Buttersauce** In einer Pfanne 50 g Butter zerlassen, 2 gehackte Schalotten und 3 gehackte Knoblauchzehen bei schwacher Hitze 2–3 Minuten darin dünsten. 75 ml Weißwein und 2 TL Anisschnaps zugeben und das Ganze 3–4 Minuten köcheln lassen. 400 g gegarte Muscheln ohne Schalen hinzufügen und schnell erhitzen. Die Pfanne vom Herd nehmen, 2 EL Sahne einrühren und würzen. Mit gehackten Petersilienblättern bestreuen und servieren.

20 **Muschelpäckchen mit Knoblauchbutter** 50 g Butter in einer Pfanne zerlassen und 2 gehackte Knoblauchzehen 2–3 Minuten darin andünsten. 2 EL gehackte Petersilienblätter, 1 TL Anisschnaps und 250 g gegarte Muscheln ohne Schalen zugeben. Etwa 1 Minute rühren, dann die Pfanne vom Herd nehmen. 4 große Blätter Filoteig aus dem Kühlregal mit zerlassener Butter bestreichen und je zur Hälfte zusammenlegen. Die Muscheln auf jeweils ein Ende des Teiges geben, dann den Teig so falten, dass ziegelartige Päckchen entstehen. Die Ränder zusammendrücken. 25 g Butter und 1 EL Olivenöl erhitzen und die Päckchen darin unter gelegentlichem Wenden in 8–10 Minuten goldbraun und knusprig braten. Mit Salatblättern und Baguette servieren.

30 Fenchel-Zwiebel-Suppe mit Gruyère

Für 4 Personen

75 g Butter
1 Fenchelknolle, fein geschnitten
2 große Zwiebeln, halbiert und in dünne Scheiben geschnitten
2 Knoblauchzehen, grob gehackt
2 TL Thymianblättchen
1 TL brauner Zucker
3 EL Weinbrand
750 ml Rinderbrühe
1 TL Sojasauce
4 kleine Scheiben Sauerteigbrot
100 g fein geriebener Gruyère
Salz und frisch gemahlener Pfeffer

- In einem großen Topf die Butter bei mittlerer Temperatur zerlassen und Fenchel, Zwiebeln, Knoblauch, Thymian und Zucker darin unter regelmäßigem Rühren etwa 20 Minuten dünsten, bis die Zwiebeln weich und leicht karamellisiert sind.
- Den Backofengrill auf mittlerer Stufe vorheizen. Den Weinbrand zum Gemüse geben und so lange erhitzen, bis die Flüssigkeit verkocht ist. Brühe und Sojasauce hinzufügen und aufkochen lassen. 5 Minuten schwach köcheln, dann nach Geschmack würzen.
- In der Zwischenzeit die Brotscheiben mit geriebenem Käse bestreuen und auf einen mit Alufolie bedeckten Grillrost legen. Unter dem Grill 2–3 Minuten backen, bis der Käse zerlaufen ist.
- Zum Servieren die Suppe in Teller füllen und die überbackenen Brotscheiben dazureichen.

---

10 **Fenchelsalat mit Gruyère** 1 Fenchelknolle putzen und mit einem Gemüsehobel fein schneiden. Das Fenchelgrün für die Garnitur beiseitelegen. Mit 1 Selleriestange, 1 roten Zwiebel, 1 geschältem und entkerntem Apfel – alle Zutaten in dünne Scheiben geschnitten – in eine Schüssel geben. 100 g gemischte Salatblätter hinzufügen und das Ganze mit 2 EL Olivenöl und 2 TL Zitronensaft beträufeln. Mit Salz und frisch gemahlenem Pfeffer würzen und die Zutaten leicht vermengen. Auf Tellern anrichten und mit 50 g geriebenem Gruyère und 1 TL grob gehacktem Fenchelgrün bestreuen.

---

20 **Fenchel-Zwiebel-Salat** 1 Fenchelknolle putzen und in dünne Stücke schneiden. In einer großen Pfanne 50 g Butter erhitzen und den Fenchel sowie 1 klein geschnittene rote Zwiebel darin unter Wenden weich braten. 1 TL Fenchelsamen, 1 TL Thymianblättchen sowie etwas Salz und frisch gemahlenen Pfeffer zugeben. 2 EL Anisschnaps hinzufügen und das Ganze so lange köcheln lassen, bis die Flüssigkeit vollständig verkocht ist. Die Pfanne vom Herd nehmen und kurz 2 Handvoll Friséesalatblätter unterziehen. Auf 4 Tellern anrichten und sofort mit warmem Baguette servieren.

20 Zwiebel-Pilz-Pastete

Für 16 Stück

16 Blätterteigpasteten aus dem Tiefkühlfach
50 g Butter
1 kleine Zwiebel, fein gehackt
1 Knoblauchzehe, gehackt
250 g gemischte Pilze, in dünne Scheiben geschnitten
125 g Mascarpone
2 TL gehackte Kräuter, z. B. Estragon, Kerbel, Schnittlauch, zzgl. etwas zum Garnieren
Salz und frisch gemahlener Pfeffer

- Den Backofen auf 220 °C vorheizen. Ein Backblech mit Backpapier belegen. Die Pasteten daraufsetzen und im Backofen nach Packungsanleitung knusprig backen.
- In der Zwischenzeit in einer Pfanne die Butter zerlassen und Zwiebeln und Knoblauch darin 5–7 Minuten unter gelegentlichem Rühren weich und goldbraun dünsten. Die Pilze hinzufügen und in 3–4 Minuten weich braten.
- Mascarpone und Kräuter in die Pfanne geben und mit etwas Salz und Pfeffer unterrühren. Die Pfanne vom Herd nehmen.
- Die Füllung in die Pasteten geben und warm servieren. Mit Kräutern garnieren.

---

10 **Zwiebel-Pilz-Focaccia** Den Backofen auf 200 °C vorheizen. 150 g Champignons in dünne Scheiben schneiden und auf ein Focaccia (italienisches Fladenbrot) verteilen. ½ in dünne Scheiben geschnittene rote Zwiebel daraufgeben, das Ganze mit 1 EL Olivenöl beträufeln und mit ½ TL getrocknetem Thymian bestreuen. Im Ofen in 6–7 Minuten backen, bis das Brot leicht Farbe angenommen hat. Zum Servieren in kleine Stücke schneiden.

---

30 **Zwiebel-Pilz-Tarte** Den Backofen auf 200 °C vorheizen. 320 g Blätterteig aus dem Kühlregal auf einem mit Backpapier belegten Backblech ausrollen und rundherum einen 1,5 cm breiten Rand bilden. 1 große Zwiebel in Ringe schneiden und in 2 EL zerlassener Butter karamellisieren. Die Zwiebeln mit 1 EL Schnittlauchröllchen und je 1 Prise Salz und frisch gemahlenem Pfeffer vermengen. 3 EL Mascarpone unterrühren. Die Mischung gleichmäßig auf den Blätterteig streichen, dabei die Ränder frei lassen. 150 g in dünne Scheiben geschnittene Champignons und ½ rote Zwiebel, ebenfalls dünn geschnitten, darauf verteilen. Mit 2 EL geriebenem Parmesan bestreuen. Im Backofen in 15–20 Minuten knusprig backen. Dazu einen grünen Salat servieren.

30 Austern mit Schalotten und Speck

Für 4 Personen

3 EL grobes Meersalz
16 große Austern
1 EL Olivenöl
4 Scheiben durchwachsener Speck ohne Schwarte, fein geschnitten
2 Schalotten, fein gehackt
2 EL gehackte Petersilienblätter
2 TL Worcestersauce
2–3 Spritzer Tabasco
50 g Semmelbrösel
Zitronenspalten zum Garnieren

- Ein Backblech dünn mit grobem Meersalz bestreuen.
- Eine Hand mit einem Küchenhandtuch umwickeln und eine Auster mit der flachen Seite nach oben und dem Scharnier zum Körper zeigend anfassen. Mit der Spitze eines Austernmessers unter das Scharnier greifen, den Muskel durchtrennen, dann das Messer drehen, bis sich die Schale öffnet. Die obere Schale und gegebenenfalls Schmutz entfernen. Mit dem Messer unter das Muschelfleisch fahren, um den Muskel, der das Fleisch an der unteren Schale befestigt, zu durchtrennen. Die geöffnete Auster auf das Backblech legen und die restlichen Austern ebenso öffnen.
- In einer Pfanne 1 EL Olivenöl erhitzen und den Speck 6–7 Minuten darin braten. Auf Küchenpapier abtropfen lassen. Die Schalotten im Speckfett 4–5 Minuten dünsten. In eine Schüssel geben, Speck, Petersilie und Worcestersauce sowie Tabasco hinzufügen.
- Den Backofengrill auf mittlerer Stufe vorheizen. Die Pfanne wieder auf den Herd stellen und Semmelbrösel und gegebenenfalls weiteres Öl hinzufügen. Unter Rühren 4–5 Minuten braten. Zur Speckmischung geben. Die Mischung gleichmäßig auf den Austern verteilen und unter dem Grill 1–2 Minuten backen. Sofort mit Zitronenspalten servieren.

---

10 **Austern in Schalottenessig** 2 Schalotten fein hacken und mit 3 EL Rotweinessig und je 1 Prise Salz und Zucker mischen. 12–16 Austern öffnen. Die obere Schale und Schmutz entfernen. Mit dem Messer unter das Muschelfleisch fahren, um den Muskel zu durchtrennen. Die Austern auf 4 Tellern anrichten. Dazu den Schalottenessig und Tabasco reichen.

---

20 **Austern vom Grill** Den Backofengrill auf mittlerer Stufe vorheizen. 12–16 Austern öffnen. Die obere Schale und Schmutz entfernen. Mit dem Messer unter das Muschelfleisch fahren, um den Muskel zu durchtrennen. Auf ein mit Steinsalz bestreutes Backblech setzen. 2 fein geschnittene Scheiben Parmaschinken und 2 fein gehackte Schalotten über die Austern streuen. Mit jeweils 1 Spritzer Worcestersauce würzen und unter dem Grill 1–2 Minuten backen. Auf Tellern anrichten und mit Tabasco (Vorsicht: scharf!) beträufeln.

20 Süßkartoffelbratling mit Ingweraroma

Für 4 Personen

2 Eier
500 g Süßkartoffeln, geschält und grob gerieben
1 Zwiebel, klein geschnitten
2 TL fein geriebener Ingwer
150 g Mehl
1 TL Kreuzkümmelsamen
1 TL gemahlener Koriander
½ TL gemahlene Kurkuma
¼ TL Cayennepfeffer
3 EL Pflanzenöl
Salz und frisch gemahlener Pfeffer
1 EL Korianderblätter zum Garnieren

- Die Eier in einer Schüssel verquirlen. Süßkartoffeln, Zwiebeln und Ingwer zugeben und gut vermischen. Mehl, Gewürze sowie Salz und Pfeffer unterrühren, bis ein glatter Teig entsteht.
- In einer großen Pfanne 3 EL Pflanzenöl erhitzen. Große Löffel vom Teig hineingeben und mit dem Löffelrücken etwas flach drücken. 5–6 Minuten bei mittlerer Hitze braten, bis die Bratlinge knusprigbraun sind. Einmal wenden. Auf Küchenpapier abtropfen lassen und warm halten. Aus dem restlichen Teig weitere Bratlinge zubereiten.
- Die Bratlinge auf Tellern anrichten, mit Koriander garnieren und Mangochutney dazureichen.

---

10 Papadums mit Chili

Eine tiefe Pfanne etwa 3,5 cm hoch mit Pflanzenöl füllen und auf 180–190 °C erhitzen. Das Öl ist heiß genug, wenn ein Brotwürfel innerhalb 1 Minute gebräunt ist. 8 Papadums (dünne Linsenmehlfladen aus dem Asiahandel) jeweils 30–45 Sekunden (oder nach Packungsanleitung) knusprig frittieren, bis sie aufgegangen sind. Auf Küchenpapier abtropfen lassen. Je ½ TL gemahlenen Kreuzkümmel und Koriander mit 1 guten Prise Chili und ¼ TL gemahlener Kurkuma mischen. Die Fladen damit bestäuben und mit Mangochutney und indischen Pickles servieren.

30 Scones auf indische Art

Den Backofen auf 220 °C vorheizen. In einer Schüssel 200 g Mehl, 2 TL Backpulver, 1 TL Salz, je 1 TL gemahlener Kreuzkümmel und Koriander, ½ TL gemahlene Kurkuma und ¼ TL scharfes Chilipulver mischen. 75 g gewürfelte Butter hinzufügen und mit den Fingern unterarbeiten, bis der Teig eine bröselige Konsistenz hat. ½ fein gehackte rote Zwiebel, 2 EL gehackte Korianderblätter, 2 EL Mangochutney aus dem Glas, 1 verquirltes Ei und 3–4 EL Milch unterarbeiten, bis ein weicher Teig entsteht. Diesen auf einer leicht bemehlten Arbeitsfläche 1,5 cm dick ausrollen und mit einem Ausstecher (6 cm) 8 Kreise bilden. Die Teigkreise auf ein mit Backpapier bedecktes Backblech legen und im Backofen in etwa 15 Minuten goldbraun backen. Auf einem Kuchenrost etwas abkühlen lassen. Noch warm mit etwas Mangochutney und indischen Pickles servieren.

30 Speck-Brie-Muffins

Für 6 Personen

75 g durchwachsener Speck in Scheiben, ohne Schwarte, fein gewürfelt
225 g Mehl
1 ½ TL Backpulver
1 TL Natron
1 TL edelsüßes Paprikapulver
2 große Eier
2 TL fein gehackte Rosmarinnadeln
150 ml Milch
75 g Butter, zerlassen
125 g fester Brie, gewürfelt
Salz und frisch gemahlener Pfeffer

- Den Backofen auf 200 °C vorheizen. In einer großen Pfanne den Speck bei hoher Temperatur 3–4 Minuten unter gelegentlichem Wenden braten. Auf Küchenpapier abtropfen lassen.
- In der Zwischenzeit Mehl, Backpulver, Natron und Paprikapulver in eine Schüssel sieben.
- Die Eier aufschlagen und in einer zweiten Schüssel leicht verquirlen. Rosmarin, Milch, zerlassene Butter sowie Salz und Pfeffer unterrühren, zu den Trockenzutaten gießen und jeweils zwei Drittel des Bries und des Specks hinzufügen. Die Zutaten vermengen.
- Eine Muffinform mit 12 Mulden fetten. Den Teig in die Mulden geben, den restlichen Speck und Käse darauf verteilen und im Backofen 18–22 Minuten backen. Warm servieren.

10 **Rosmarin-Brie-Fladenbrot** In einem kleinen Topf 50 g Butter mit 1 zerdrückten Knoblauchzehe, 2 TL gehackten Rosmarinnadeln, 1 TL edelsüßem Paprikapulver und 1 guten Prise frisch gemahlenem Pfeffer erhitzen. Sobald die Butter zu schäumen beginnt, den Topf vom Herd ziehen. In der Zwischenzeit 6 kleine Pittabrote toasten und 200 g Brie in Scheiben schneiden. Jedes Brot mit der gewürzten Butter bestreichen, mit Brie belegen und sofort servieren.

20 **Rosmarin-Brie-Ciabatta** Den Backofen auf 180 °C vorheizen. 6 Ciabattabrötchen je 3–4-mal einschneiden (aber nicht ganz durchschneiden). 100 g weiche Butter mit 1 zerdrückten Knoblauchzehe, 1 TL edelsüßem Paprikapulver, 2 TL gehackten Rosmarinnadeln und reichlich frisch gemahlenem Pfeffer in eine Schüssel geben und mit einer Gabel vermischen. Zunächst die Rosmarinbutter in die Einschnitte füllen, dann jeweils eine kleine Scheibe Brie hineinstecken. Jedes Brötchen in Aufolie wickeln und im Backofen etwa 12 Minuten backen, die letzten 2 Minuten mit geöffneter Folie. Der Käse sollte dann geschmolzen sein. Heiß servieren.

20 Muscheln in Curry-Wein-Marinade

Für 4 Personen

2 EL Pflanzenöl
1 Zwiebel, halbiert und fein geschnitten
2,5 cm frische Ingwerwurzel, geschält und gehackt
1 Knoblauchzehe, klein gehackt
1 EL mittelscharfe Currypaste
250 ml trockener Weißwein
3 EL Kokosmilch
1 kg Muscheln, gebürstet, ohne Bart
Salz und frisch gemahlener Pfeffer
1 EL grob gehackte Korianderblätter zum Garnieren

- In einem großen Topf 2 EL Pflanzenöl erhitzen und die Zwiebeln in 4–5 Minuten darin knapp weich dünsten. Ingwer und Knoblauch hinzufügen und in 2–3 Minuten weich garen.
- Die Currypaste einrühren und 1 Minute erhitzen. Wein und Kokosmilch zugießen, würzen und verrühren. 3–4 Minuten köcheln lassen, bis die Muscheln sich geöffnet haben, den Topf ab und zu rütteln.
- Alle ungeöffneten Muscheln entfernen und wegwerfen. Die restlichen Muscheln und deren Brühe in 4 Schüsseln anrichten. Mit gehackten Korianderblättern bestreuen und sofort servieren.

---

10 **Muschelcurry mit Chapati** In einer großen Pfanne 2 EL Pflanzenöl erhitzen und 2 klein geschnittene Schalotten, 1 zerdrückte Knoblauchzehe und 1 TL fein geriebenen Ingwer zugeben. Bei mittlerer Hitze in 3–4 Minuten weich dünsten. In der Zwischenzeit 4 Chapatis (indische Fladenbrote aus dem Asiahandel) nach Packungsanleitung erwärmen. 2 EL milde Currypaste zu den Schalotten in die Pfanne geben und 1 Minute unter Rühren erhitzen. Mit 300 ml Kokosmilch ablöschen und aufkochen. 450 g gegarte Muscheln ohne Schalen unterrühren. Den Topf vom Herd nehmen und 2 EL gehackte Korianderblätter zugeben. Zum Servieren die Chapati auf Teller legen und das Muschelcurry darauf verteilen.

---

30 **Muschel-Kokos-Topf** Den Backofen auf 200 °C vorheizen. In einer großen Pfanne 2 EL Pflanzenöl erhitzen und 2 klein geschnittene Schalotten, 1 zerdrückte Knoblauchzehe und 1 TL fein geriebenen Ingwer zugeben. Bei mittlerer Hitze in 3–4 Minuten weich dünsten. 2 EL milde Currypaste hinzufügen und 1 Minute unter Rühren erhitzen. Mit 400 ml Kokosmilch ablöschen und aufkochen. 450 g gegarte Muscheln ohne Schalen sowie 2 EL gehackte Korianderblätter unterrühren. In der Zwischenzeit 320 g Blätterteig aus dem Kühlregal ca. 5 mm dick ausrollen. 4 Kreise ausstechen, im Durchschnitt 1 cm größer als die feuerfesten Schalen. Muscheln und Sauce in die Schalen geben und jeweils 1 Teigkreis darauflegen, der etwas überhängen sollte. Mit verquirltem Ei bestreichen, einmal einschneiden und mit schwarzen Senfsamen oder Zwiebelsamen bestreuen. Im Backofen 15–18 Minuten garen.

30 Mozzarellabällchen mit Chili-Tomaten-Salsa

Für 4 Personen
20 kleine Mozzarellabällchen
2 EL Mehl
1 großes Ei, leicht verquirlt
75 g Semmelbrösel
Pflanzenöl zum Frittieren

Für die Chili-Tomaten-Salsa
500 g Fleischtomaten
1 Bund Frühlingszwiebeln
1 rote Chilischote, fein gehackt
4 EL Olivenöl
1 Knoblauchzehe, zerdrückt
2 EL Zitronensaft
2 EL gehackte Petersilienblätter
Zucker
Salz und frisch gemahlener Pfeffer

- Für die Salsa die Tomaten mit kochendem Wasser überbrühen, häuten und klein schneiden. Dabei Stielansatz und Kerne entfernen. Die Frühlingszwiebeln in feine Ringe schneiden und mit Tomaten und Chili in eine Schüssel geben. 4 EL Öl, Knoblauch, Zitronensaft und Kräuter hinzufügen. Die Salsa mit Zucker, Salz und Pfeffer abschmecken.
- Die Mozzarellabällchen mit Küchenpapier trocken tupfen. Mehl, Ei und Semmelbrösel jeweils in einen tiefen Teller geben. Die Bällchen zuerst im Mehl wälzen, dann durch das Ei ziehen und zum Schluss in den Semmelbröseln wenden. Nebeneinander auf einen Teller legen und 15 Minuten in die Tiefkühltruhe stellen.
- In der Zwischenzeit einen großen Topf 3,5 cm hoch mit Pflanzenöl füllen. Das Öl auf 180–190 °C erhitzen. Es ist heiß genug, wenn ein kleiner Brotwürfel in 1 Minute gebräunt ist.
- Die Mozzarellabällchen aus der Kühlung nehmen und mit einem Schaumlöffel portionsweise vorsichtig ins heiße Öl gleiten lassen. Etwa 60 Sekunden frittieren, bis die Bälle goldbraun sind. Auf Küchenpapier abtropfen lassen und warm halten. Mit der Salsa servieren.

---

10 **Chili-Käse-Dip mit Tortilla** Den Backofen auf 200 °C vorheizen. 2 TL edelsüßes Paprikapulver mit 1 TL getrocknetem Oregano, ½ TL Knoblauchpulver und reichlich Cayennepfeffer, Salz und frisch gemahlenem Pfeffer mischen. 3 weiche Tortillawraps (FP) mit etwas Pflanzenöl bestreichen und mit der Gewürzmischung bestreuen. In Dreiecke schneiden und diese auf einem Backblech verteilen. Im Backofen in 6–7 Minuten knusprig backen. In der Zwischenzeit 150 g Frischkäse mit 2 EL süßer Chili-Konfitüre aus dem Glas und 2 TL Schnittlauchröllchen vermischen. Die Tortillastücke auf einem Kuchengitter etwas abkühlen lassen, dann zum Dip servieren.

---

20 **Chili-Käse-Fondue** Den Backofen auf 200 °C vorheizen. Einen Camembert auswickeln und wieder in seine Holzschachtel legen. Die Oberfläche des Käses mit einem Messer mehrmals einritzen. 1 Knoblauchzehe in dünne Scheiben schneiden, 1 milde Chilischote entkernen und ebenfalls fein schneiden. Die Einschnitte im Käse mit Knoblauchscheiben, Chilistücken und kleinen Thymianzweigen füllen. 12–15 Minuten backen, bis der Käse geschmolzen ist. Mit knusprigem Brot und Chili-Konfitüre aus dem Glas servieren.

20 Feigen-Prosciutto-Salat mit Gorgonzola

Für 4 Personen

2 EL Olivenöl zzgl. etwas zum Beträufeln
2 Schalotten, fein gehackt
2 Knoblauchzehen, fein gehackt
2 TL Himbeeressig
8 kleine, reife, aber feste Feigen
100 g Gorgonzola
100 g Rucola
8 dünne Scheiben Prosciutto
Salz und frisch gemahlener Pfeffer
2 EL leicht geröstete gehackte Haselnüsse zum Garnieren

- Den Backofengrill auf mittlerer Stufe vorheizen. In einer kleinen Pfanne 2 EL Olivenöl bei mittlerer Temperatur erhitzen. Schalotten und Knoblauch darin in 4–5 Minuten weich dünsten. Die Pfanne vom Herd nehmen und den Himbeeressig sowie etwas Salz und Pfeffer einrühren.
- In der Zwischenzeit die Feigen mit einem scharfen Messer oben kreuzweise einschneiden. Auseinanderdrücken und mit Gorgonzola füllen. Auf ein Backblech legen, mit etwas Öl beträufeln und unter dem Backofengrill 4–5 Minuten grillen, bis der Käse geschmolzen ist und leicht Farbe angenommen hat.
- Die gewaschenen und trocken geschüttelten Rucolablätter auf 4 Tellern anrichten und die warmen Feigen und den Schinken dazulegen. Mit dem warmen Dressing beträufeln und mit etwas Pfeffer bestreuen. Mit gerösteten Haselnüssen garnieren und sofort servieren.

---

10 **Schinkenpäckchen mit Feigen und Gorgonzola** 2 reife, aber feste Feigen in 4 dicke Scheiben schneiden. 4 Scheiben Parmaschinken auf die Arbeitsfläche legen, 4 weitere Scheiben jeweils im rechten Winkel darauflegen, sodass Kreuze entstehen. 125 g Gorgonzola vierteln und jeweils mittig auf dem Kreuz platzieren, mit je 2 Scheiben Feigen bedecken. Mit gehackten, gerösteten Haselnüssen bestreuen. Den Schinken so über die Füllung schlagen, dass Päckchen entstehen. In einer großen Pfanne 1 EL Pflanzenöl erhitzen und die Päckchen in 3–4 Minuten knusprig braten, dabei einmal wenden. Mit einem Rucolasalat servieren.

30 **Fladenbrot mit Gorgonzola und Schinken** Den Backofen auf 220 °C vorheizen. 2 Backbleche in den Ofen schieben. 200 g Mehl mit ¾ TL Trockenhefe und ½ TL Salz in eine Schüssel geben. 125 ml handwarmes Wasser und 2 TL Olivenöl zugießen. Das Ganze zu einem weichen Teig verarbeiten. Den Teig auf bemehlter Arbeitsfläche in 5–8 Minuten glatt kneten. In 4 Teile trennen und jedes Viertel zu einer Kugel formen. Mit einer Teigrolle jeweils zu einem dünnen Oval ausrollen (etwa 28 x 15 cm). Die Fladenbrote auf die heißen Backbleche legen, jedes Brot mit 1 TL Olivenöl beträufeln und mit 1 Prise Meersalz bestreuen. In etwa 5–7 Minuten knusprig backen. Jedes Brot mit je 2 dünnen Scheiben Gorgonzola und 2 dünnen Scheiben geräuchertem Schinken belegen und zum Servieren mit je 1 kleinen Handvoll Rucola garnieren.

30 Birnen-Stilton-Tarte mit Kresse

Für 4 Personen

25 g Butter zzgl. etwas zum Fetten
320 g Blätterteig aus dem Kühlregal
Mehl zum Bestäuben
2 reife, feste Birnen, geschält und entkernt
¼ TL gemahlene Nelken
1 Prise gemahlener Piment
¼ TL gemahlener schwarzer Pfeffer
75 g Stilton
25 g Walnusskerne, grob gehackt
1 TL Thymianblättchen

- Den Backofen auf 200 °C vorheizen. Ein Backblech leicht fetten. Den Blätterteig auf einer bemehlten Arbeitsfläche etwa 5 mm dick ausrollen. Mit einem runden Ausstecher (ca. 12 cm) 4 Teigkreise formen und auf das vorbereitete Backblech legen.
- In einer Pfanne 25 g Butter zerlassen und die Teigkreise damit bestreichen. Mithilfe eines kleineren Ausstechers einen 1 cm breiten Rand einritzen. Im Backofen in etwa 6 Minuten hellgelb backen.
- In der Zwischenzeit die Birnen in Scheiben schneiden. Nelken, Piment und Pfeffer mischen.
- Die Tartes aus dem Ofen nehmen und mit Birnenscheiben belegen. Mit der Gewürzmischung bestäuben, dann den Stilton darüberkrümeln und mit Walnüssen und Thymian bestreuen.
- Die Tartes in weiteren 8–10 Minuten knusprig backen. Mit einer Handvoll Brunnenkresse und mit etwas Ahornsirup beträufeln und sofort servieren.

---

10 **Birnen-Kresse-Salat mit Stilton** 2 reife, feste Birnen schälen, entkernen und in Scheiben schneiden. Auf 4 Tellern jeweils 1 Handvoll Kresse anrichten und die Birnenscheiben auflegen. 100 g Stilton darüberkrümeln und mit 25 g Walnusskernen, 1 entkernten und fein gehackten roten Chili und 1 TL Thymianblättchen bestreuen. 3 EL Walnussöl mit 2 TL Rotweinessig und 1 TL Ahornsirup verrühren. Über den Salat träufeln und sofort servieren.

20 **Karamellisierte Birnen mit Stilton und Brunnenkresse** 3 reife, feste Birnen schälen, vierteln und entkernen. In einer Pfanne 50 g Butter zerlassen. 1 EL Ahornsirup und 1 entkernte, fein gehackte rote Chili hinzufügen und bei mittlerer Temperatur erhitzen. Die Birnenviertel in die Pfanne legen, in 3–5 Minuten weich braten und karamellisieren lassen. ¼ TL gemahlene Nelken, 1 Prise gemahlenen Piment und ¼ TL gemahlenen schwarzen Pfeffer vermischen. Die Gewürzmischung über die Birnen stäuben und das Ganze 1 weitere Minute erhitzen. Etwas abkühlen lassen. 1 Handvoll Brunnenkresse auf 4 Teller verteilen und die warmen Birnenhälften darauf anrichten. Mit dem warmen Dressing beträufeln, 75 g zerkrümelten Stilton und 25 g grob gehackte Walnusskerne daraufgeben und sofort servieren.

20 Ziegenkäse-Ravioli mit Winterpesto

Für 4 Personen

2 EL Haselnusskerne
4 EL gehackte Kräuter, z. B. Petersilie, Thymian, Rosmarin, Salbei
25 g Rucola
1 kleine Knoblauchzehe, gehackt
100 ml extra natives Olivenöl
1 TL Zitronensaft
2 EL frisch geriebener harter Ziegenkäse zzgl. etwas zum Garnieren
300 g frische Ravioli
Salz und frisch gemahlener Pfeffer

- Eine Pfanne bei mittlerer Temperatur erhitzen und die Haselnusskerne 4–5 Minuten darin rösten, dabei die Pfanne ab und zu leicht schwenken. Die Nüsse auf einem Teller abkühlen lassen.
- Für das Pesto Kräuter, Rucola, Knoblauch und abgekühlte Haselnüsse im Küchenmixer grob hacken. Bei laufendem Motor langsam 100 ml Olivenöl unterrühren.
- Das Pesto in eine Schüssel geben, Zitronensaft und Käse unterrühren und nach Geschmack würzen.
- Die Nudeln in reichlich kochendem Salzwasser nach Packungsanleitung al dente garen. Abgießen und auf 4 Tellern anrichten.
- Mit Pesto beträufeln und mit weiterem Käse bestreuen.

---

10 **Radicchiosalat mit Ziegenkäse und Haselnüssen** Eine Pfanne auf mittlere Temperatur erhitzen und 2 EL Haselnusskerne 4–5 Minuten darin rösten, dabei die Pfanne ab und zu leicht schwenken. Die Nüsse grob hacken. Mit 2 EL fein gehackten gemischten Kräutern in eine kleine Schüssel geben. 1 fein gehackte Schalotte, 1 TL körnigen Senf, 1 EL Sherryessig, 3 EL Olivenöl und je 1 Prise Salz und frisch gemahlenen Pfeffer hinzufügen und unterrühren. Radicchioblätter waschen, trocken schütteln und auf 4 Tellern anrichten. Mit 100 g zerkrümeltem Ziegenkäse bestreuen und mit den Haselnüssen garnieren. Vor dem Servieren das Dressing über den Salat träufeln.

---

30 **Ziegenkäse-Muffins mit Winterpesto** Den Backofen auf 190 °C vorheizen. In einer Pfanne bei mittlerer Temperatur 3 EL Haselnusskerne rösten. Für das Pesto 2 EL der abgekühlten Nüsse, 4 EL gehackte Petersilienblätter, 25 g Rucola und 1 fein gehackte Knoblauchzehe im Küchenmixer grob hacken. Bei laufendem Motor langsam 100 ml Olivenöl unterrühren. Das Pesto in eine Schüssel geben, 1 TL Zitronensaft und 2 EL geriebenen harten Ziegenkäse unterrühren und nach Geschmack mit Salz und frisch gemahlenem Pfeffer würzen. 150 g Mehl mit 1 TL Backpulver und 1 Prise Salz in eine Schüssel sieben. Die restlichen Nüsse grob hacken und mit 1 Prise Pfeffer zum Mehl geben. In einer zweiten Schüssel 1 Ei aufschlagen und 75 ml Milch, 50 ml Olivenöl und 2 EL vom Pesto unterrühren. Das Ganze zum Mehl gießen und 75 g fein gewürfelten Ziegenkäse mit unterarbeiten. Die 18 Mulden von 1–2 Mini-Muffin-Formen fetten oder Papierförmchen hineinsetzen. Mit der Muffinmischung füllen und im Backofen in 12–15 Minuten goldbraun backen. Etwas abkühlen lassen, aber noch warm servieren.

10 Jakobsmuschelsalat mit Radicchio und Chorizo

Für 4 Personen
1 EL Olivenöl
100 g Chorizo (würzige spanische Wurst), in Scheiben geschnitten
225 g kleine Jakobsmuscheln, ohne Rogen
1 kleiner Radicchio
1 große Handvoll Friséesalatblätter

Für das Dressing
1 kleine Schalotte, fein gehackt
1 TL Dijonsenf
2 EL Olivenöl
2 TL Sherry- oder Rotweinessig
Salz und frisch gemahlener Pfeffer

- In einer Pfanne 1 EL Olivenöl bei mittlerer Temperatur erhitzen und die Chorizoscheiben in 2–3 Minuten darin knusprig braten. Mit einem Schaumlöffel herausnehmen und beiseitestellen.
- In derselben Pfanne die Muscheln für 1–2 Minuten braten, bis sie nicht mehr durchsichtig und leicht karamellisiert sind.
- In der Zwischenzeit für das Dressing Schalotte, Senf, Olivenöl und Essig vermengen und mit Salz und Pfeffer abschmecken.
- Die Salatblätter waschen, trocken schütteln und auf 4 Tellern anrichten, dabei die Radicchioblätter klein zupfen. Jeweils Muscheln und Chorizo auf dem Salat verteilen und zum Servieren mit dem Dressing beträufeln.

20 Jakobsmuschelpfanne mit Chorizo

Aus 1 kleinen fein gehackten Schalotte, 1 TL Dijonsenf, 2 EL Olivenöl, 2 TL Rotweinessig, Salz und frisch gemahlenem Pfeffer ein Salatdressing zubereiten. 125 g Chorizo (würzige spanische Wurst) in 1 cm breite Scheiben schneiden. 16 Jakobsmuscheln ohne Rogen mit 16 geschälten rohen Garnelen in eine Schüssel legen. Die fein abgeriebene Schale von 1 unbehandelten Zitrone mit 2 EL Olivenöl und ¼ TL Chiliflocken verrühren, über Muscheln und Garnelen geben und alles gut mischen. In einer großen Pfanne 1 EL Olivenöl erhitzen und die Wurst darin in 2 Minuten braun anbraten. Herausnehmen und beiseitelegen. Muscheln und Garnelen in die Pfanne geben und unter gelegentlichem Wenden in 2–4 Minuten leicht karamellisieren. 1–2 Minuten warm halten. Gewaschene und trocken geschüttelte Friseesalatblätter auf Tellern anrichten. Muscheln, Garnelen und Chorizo auf dem Salat verteilen und mit dem Salatdressing beträufeln.

30 Jakobsmuschelspieß mit Chorizo

Den Backofengrill auf mittlerer Stufe vorheizen. 125 g in Scheiben geschnittene Chorizo (würzige spanische Wurst) in 1 EL Olivenöl leicht anbraten. Zusammen mit 16 Jakobsmuscheln in eine Schüssel legen. Die fein abgeriebene Schale einer unbehandelten Zitrone mit 2 EL Öl und ¼ TL Chiliflocken verrühren und über Muscheln und Wurst verteilen. 8 dünne Scheiben durchwachsenen Speck halbieren und jeweils 1 Muschel mit 1 Streifen umwickeln. Die Muscheln im Wechsel mit Chorizoscheiben auf Metallspieße stecken, auf einen mit Folie bedeckten Grillrost legen. Unter dem Grill 6–8 Minuten unter mehrmaligem Wenden garen.

30 Rote-Bete-Tarte mit Ziegenkäse

Für 4–6 Personen

2 EL Olivenöl
2 Knoblauchzehen, gehackt
1 TL Thymianblättchen zzgl. etwas zum Garnieren
2 EL Balsamicoessig
500 g gegarte Rote Bete, in Scheiben oder Stücke geschnitten
Mehl zum Bestäuben
320 g Blätterteig aus dem Kühlregal
125 g zerkrümelter Ziegenkäse

- Den Backofen auf 200 °C vorheizen. In einer ofenfesten Pfanne 2 EL Olivenöl bei mittlerer Temperatur erhitzen. Knoblauch und Thymian 1–2 Minuten darin andünsten, bis der Knoblauch weich ist. Essig zugießen und in 1–2 Minuten einköcheln.
- Die Rote Bete nebeneinander in die Pfanne legen und 4–5 Minuten bei größerer Hitze braten, bis die Unterseite leicht gebräunt ist.
- In der Zwischenzeit den Blätterteig auf einer bemehlten Arbeitsfläche zu einem Kreis ausrollen, der 1 cm größer ist als die Pfanne.
- Den Teig auf die Rote Bete legen, die Ränder fest andrücken, damit das Gemüse vollständig bedeckt ist. Im Backofen 15–20 Minuten backen, bis der Teig aufgegangen ist und eine schöne goldbraune Farbe hat.
- Die Tarte auf einen großen Teller stürzen, mit Ziegenkäse bestreuen und mit Thymian garniert servieren.

---

10 Ziegenkäse-Rote-Bete-Törtchen Den Backofen auf 180 °C vorheizen. 4 kleine Kräuterwraps (FP) so zurechtschneiden, dass sie in die Mulden einer Muffinform passen und dabei leicht überhängen. Die Wraps im Backofen in 2–3 Minuten goldgelb backen. In der Zwischenzeit 300 g gegarte und gewürfelte Rote Bete mit 125 g zerkrümeltem Ziegenkäse, 1 TL Schnittlauchröllchen und je 1 Prise Salz und frisch gemahlenem Pfeffer in eine Schüssel geben und gut vermengen. Die Mischung in die Mulden füllen und weitere 2–3 Minuten backen, bis der Käse zu schmelzen beginnt und die Törtchen knusprig sind. Auf Tellern anrichten und mit etwas Olivenöl beträufeln. Einen Rucolasalat dazureichen.

20 Quiche mit Ziegenkäse und Rote Bete Den Backofen auf 220 °C vorheizen. 320 g Blätterteig aus dem Kühlregal ausrollen und 4 gut gefettete kleine Quicheformen mit dem Teig auslegen. 175 g gegarte, gewürfelte Rote Bete, 100 g Erbsen aus der Dose und 100 g zerkrümelten Ziegenkäse darauf verteilen. 3 Eier aufschlagen, mit 3 EL Sahne und 1 TL Thymianblättchen verrühren. In die Formen gießen und die Quiches im Backofen in 12–15 Minuten goldbraun backen.

30 Porree-Maronen-Pfannkuchen

Für 4 Personen

50 g Butter
2 Stangen Porree, geputzt und in Scheiben geschnitten
125 g Champignons, in dünne Scheiben geschnitten
50 g gegarte Maronen, zerkrümelt
2 TL gehackter Estragon
75 ml trockener Cidre
100 g Sahne
50 g Mehl
150 ml Milch
1 großes Ei, leicht verquirlt
Salz und frisch gemahlener Pfeffer

- In einer Pfanne die Hälfte der Butter zerlassen und den Porree darin in 5–6 Minuten weich dünsten. Pilze, Maronen und Estragon hinzufügen und weitere 4–5 Minuten garen. Den Cidre zugießen und köcheln lassen, bis er ganz verkocht ist. Die Sahne einrühren, mit Salz und Pfeffer würzen und 1 Minute kochen lassen. Die Pfanne vom Herd nehmen und das Gemüse warm halten. In der Zwischenzeit das Mehl mit 1 Prise Salz in eine Schüssel sieben, in die Mitte eine Vertiefung drücken und Milch und Ei hineingeben. Mit einem Schneebesen zu einem glatten Teig verrühren.
- In einer Pfanne (24 cm) ein Stück der restlichen Butter zerlassen. Ein Viertel des Teigs hineingeben, dabei die Pfanne leicht schwenken, damit der Teig sich gleichmäßig verteilt. 1–2 Minuten erhitzen, bis die Unterseite leicht Farbe angenommen hat und fest ist. Dann wenden und weitere 30–60 Sekunden garen. Auf einen Teller legen und warm halten. Die restlichen Pfannkuchen ebenso zubereiten.
- Die Pfannkuchen auf vorgewärmte Teller legen, mit der Porree-Pilz-Mischung füllen und zusammenklappen. Mit einem gemischten Salat servieren.

---

10 **Porree-Maronen-Gemüse** 15 g gemischte, getrocknete Pilze mit 200 ml kochendem Wasser in einen Topf geben. 7–8 Minuten köcheln, abgießen und die Pilze grob hacken. In der Zwischenzeit in einer Pfanne 25 g Butter zerlassen und 2 in Scheiben geschnittene Stangen Porree darin andünsten. 50 g gegarte gehackte Maronen und 1 TL gehackten Estragon zugeben und 1 weitere Minute garen. 100 g Frischkäse und die Pilze hinzufügen und so lange rühren, bis der Käse geschmolzen ist. Das Gemüse auf getoastetem Brot anrichten.

20 **Porree-Maronen-Filos** Den Backofen auf 200 °C vorheizen. 4 kleine Quicheformen mit zerlassener Butter fetten. 4 quadratische Scheiben Filoteig (30 cm) mit Butter bestreichen und jeweils in 4 gleich große Quadrate schneiden. Die vorbereiteten Formen damit auslegen, und zwar so, dass die 4 Filoquadrate leicht versetzt aufeinanderliegen. Im Backofen in etwa 8 Minuten goldbraun backen. In der Zwischenzeit in einer Pfanne 25 g Butter zerlassen und 2 in Scheiben geschnittene Stangen Porree darin andünsten. 50 g gegarte gehackte Maronen und 1 TL gehackten Estragon zugeben und 1 weitere Minute garen. 100 g Frischkäse und die Pilze hinzufügen und so lange rühren, bis der Käse geschmolzen ist. Die Filos vorsichtig auf die Teller setzen, die Füllung hineingeben und mit geriebenem Parmesan bestreuen.

10 Clementinen-Walnuss-Salat mit geräucherter Entenbrust

Für 4 Personen

2 Clementinen

100 g Feldsalat zzgl. etwas zum Garnieren

50 g Walnusskerne, grob gehackt

200 g geräucherte Entenbrust, in Scheiben geschnitten

1 Handvoll Granatapfelkerne zum Garnieren

Für das Dressing

2 EL Walnussöl

2 TL Himbeeressig

Salz und frisch gemahlener Pfeffer

- Die Clementinen schälen, dabei auch die weiße Haut entfernen. Die Frucht in Segmente teilen, die Haut dabei abziehen. Den Saft auffangen.
- Den Feldsalat auf 4 Tellern anrichten und mit Clementinen und Walnüssen belegen. Die Entenbrust daraufgeben und mit Granatapfelkernen garnieren.
- Für das Dressing Öl und Essig mit dem Clementinensaft verrühren, mit Salz und Pfeffer würzen, über den Salat träufeln und servieren.

---

20 Clementinen-Walnuss-Salat mit Entenfilet 2 Clementinen schälen, häuten und zerteilen. Dabei den Saft auffangen. Aus 2 EL Walnussöl, 2 TL Himbeeressig, dem Clementinensaft, Salz und frisch gemahlenem Pfeffer ein Salatdressing zubereiten. In einer Pfanne 2 EL Olivenöl erhitzen. 175 g kleine Entenfilets mit Salz und ¼ TL Szetschuan-Pfeffer bestreuen. In die Pfanne legen und 3–4 Minuten braten, dabei einmal wenden. Auf einem vorgewärmten Teller 10 Minuten ruhen lassen. 100 g Feldsalat auf 4 Tellern verteilen. Das Fleisch in Scheiben schneiden und mit 50 g Walnusskernen und 1 Handvoll Granatapfelkernen auf dem Salat arrangieren. Mit dem Dressing beträufeln.

---

30 Entenbrust mit Clementinen 2 Clementinen schälen, häuten und zerteilen. Dabei den Saft auffangen. 2 Entenbrüste vom überschüssigen Fett befreien, dann das Fleisch mit einem scharfen Messer einritzen und mit Salz und frisch gemahlenem Pfeffer würzen. Eine Pfanne ohne Fett erhitzen und die Entenbrust mit der Hautseite nach unten bei mittlerer Hitze 8–10 Minuten braten. Bei reduzierter Hitze den Clementinensaft zugeben. Wenden und die Entenbrüste weitere 5–10 Minuten garen. Das Fleisch sollte im Inneren noch rosafarben sein. 10 Minuten auf einem vorgewärmten Teller ruhen lassen, dann in dicke Scheiben schneiden. Mit Salatblättern, den Clementinenstücken und 50 g grob gehackten Walnusskernen auf 4 Tellern anrichten und mit dem Bratensaft beträufeln.

30 Ricotta-Kräuter-Gnocchi

Für 4 Personen

4 EL Olivenöl
1 Zwiebel, fein gehackt
3 Knoblauchzehen, fein gehackt
75 g frische Semmelbrösel
fein abgeriebene Schale von 1 unbehandelten Zitrone
3 EL gehackte Petersilienblätter
50 g geriebener Cheddar
400 g Gnocchi aus dem Kühlregal
100 g frischer Blattspinat
250 g Ricotta
4 EL Sahne
¼ TL geriebene Muskatnuss
Salz und frisch gemahlener Pfeffer

- Den Backofen auf 190 °C vorheizen. In einer Pfanne 2 EL Olivenöl erhitzen und die Zwiebeln sowie 2 der Knoblauchzehen bei mittlerer Hitze unter Rühren in 5–6 Minuten darin weich dünsten.
- In der Zwischenzeit die Semmelbrösel mit dem restlichen Knoblauch und 1 EL Öl in eine Schüssel geben, ⅓ der Zitronenschale, die Hälfte der Kräuter, den geriebenen Käse sowie Salz und Pfeffer hinzufügen und unterrühren.
- Die Gnocchi in Salzwasser nach Packungsanleitung garen.
- Den Spinat waschen. In einer Pfanne 1 EL Olivenöl erhitzen und die Spinatblätter darin kurz zusammenfallen lassen. Gut ausdrücken und mit den vorher gedünsteten Zwiebeln und dem Knoblauch sowie mit Ricotta, den restlichen Kräutern und der restlichen Zitronenschale in eine Schüssel geben und gut vermischen. Sahne und Muskat unterrühren. Nach Geschmack würzen.
- Die Gnocchi unter die Ricottamischung heben und auf 4 kleine Auflaufformen verteilen. Die Semmelbröselmischung daraufgeben und im Backofen in 15–20 Minuten goldbraun backen.

---

10 Gnocchi mit Winterkräuterdip In einer Pfanne 1 EL Olivenöl bei mittlerer Temperatur erhitzen. 400 g Gnocchi (aus dem Kühlregal) zugeben und 5–7 Minuten darin dünsten. In der Zwischenzeit 150 g Ricotta mit 1 TL gehackten Petersilienblättern, 1 TL Thymianblättchen, der fein abgeriebenen Schale von 1 unbehandelten Zitrone, 2 EL Crème fraîche sowie Salz und frisch gemahlenem Pfeffer verrühren. Das Ganze in 4 kleine Schüsseln füllen. Die Gnocchi auf 4 Tellern anrichten und den Ricottadip dazureichen.

20 Frittata mit Ricotta und Winterkräutern Den Backofengrill auf mittlerer Stufe vorheizen. In einer ofenfesten Pfanne 1 EL Olivenöl bei mittlerer Temperatur erhitzen. 400 g Gnocchi (aus dem Kühlregal) 5–7 Minuten darin dünsten. In der Zwischenzeit 4 Eier in eine Schüssel geben, 150 g Ricotta, 1 TL Thymianblättchen und reichlich Salz und frisch gemahlenen Pfeffer hinzufügen. Verrühren und über die Gnocchi gießen. Bei mittlerer Hitze 6–7 Minuten stocken lassen. Währenddessen 50 g frische Semmelbrösel mit 2 TL gehackten Petersilienblättern, 50 g geriebenem Emmentaler und 2 TL Olivenöl vermischen. Die Frittata mit den Semmelbröseln bestreuen. Unter dem Grill in 3–4 Minuten goldbraun backen. In Stücke geschnitten servieren.

20 Käse-Speck-Tarte

Für 4 Personen

1 EL Olivenöl
200 g geräucherter Speck, gewürfelt
320 g Blätterteig aus dem Kühlregal
1 TL Mehl
3 EL Crème fraîche
1 Zwiebel, halbiert und in dünne Scheiben geschnitten
75 g geriebener Emmentaler
½ TL getrockneter Thymian

- Den Backofen auf 220 °C vorheizen. In einer großen Pfanne 1 EL Olivenöl bei mittlerer Temperatur erhitzen und den Speck darin 3–4 Minuten braten, aber nicht bräunen. Mit einem Schaumlöffel herausnehmen und auf Küchenpapier abtropfen lassen.
- Den Blätterteig auf ein leicht bemehltes Backblech legen. Mit Crème fraîche bestreichen, dabei rundherum einen 1 cm breiten Rand frei lassen.
- Zwiebeln und Käse darauf verteilen, dann den Speck und den Thymian. Im Backofen in 12–15 Minuten knusprig backen. Dazu einen grünen Salat reichen.

---

10 **Schweizer Käse auf Toast** Den Backofengrill auf mittlerer Stufe vorheizen. 4 dicke Scheiben Sauerteig- oder Landbrot leicht toasten. In der Zwischenzeit 4 EL Crème fraîche in eine Schüssel geben und mit 100 g geriebenem Emmentaler, ½ fein gehackten Zwiebel und ½ TL getrocknetem Thymian vermischen. Die Brote mit je 1 Scheibe geräuchertem Schinken belegen, dann die Käsemasse dick darauf verstreichen. Auf einen mit Alufolie bedeckten Grillrost legen und unter dem Grill 3–5 Minuten backen, bis der Käse schmilzt. Mit einem gemischten Salat servieren.

30 **Schweizer Käsesoufflé** Den Backofen auf 200 °C vorheizen. In einem Topf 25 g Butter bei schwacher Hitze zerlassen. 25 g Mehl zugeben und das Ganze etwa 45 Sekunden rühren. Den Topf vom Herd nehmen und 150 ml Milch zugießen. Dann den Topf bei schwacher Hitze wieder auf die Kochstelle ziehen und die Sauce unter ständigem Rühren eindicken lassen. In eine große Schüssel gießen und etwas abkühlen lassen. In der Zwischenzeit 2 Eiweiß so steif schlagen, dass ein Messerschnitt sichtbar bleibt. 100 g Frischkäse zur gekochten Sauce geben und mit 75 g geriebenem Emmentaler, ½ TL getrocknetem Thymian, 2 Eigelben und 2 Scheiben gewürfeltem geräuchertem Schinken verrühren. Das Eiweiß unterheben. Die Mischung in 4 gefettete kleine Souffléformen füllen und im Backofen 15–18 Minuten backen. Sofort servieren.

20 Kartoffel-Makrelen-Salat

Für 4 Personen

400 g festkochende Kartoffeln, geschält und geviertelt
3 EL Olivenöl
2 TL Rotweinessig
1 EL körniger Senf
1 Schalotte, fein gehackt
1 EL abgespülte und klein geschnittene Cornichons
2 TL abgespülte und abgetropfte Kapern
125 g Kirschtomaten, halbiert
2 EL Kalamata-Oliven, abgetropft
4 kleine Makrelenfilets, ohne Gräten
1 große Handvoll Friséesalatblätter
Salz und frisch gemahlener Pfeffer

- Die Kartoffeln in reichlich Salzwasser in 10–12 Minuten garen. Abgießen, wieder in den Topf geben und mit 2 EL Olivenöl mischen. Die restlichen Zutaten außer Fisch und Salat zugeben und mit Salz und Pfeffer würzen. Beiseitestellen.
- In einer großen Pfanne 1 EL Öl erhitzen und die Makrelenfilets mit der Hautseite nach unten in die Pfanne legen. 3–4 Minuten braten, bis das Fleisch eine weiße Farbe hat. Vorsichtig wenden und 1 weitere Minute braten. Aus der Pfanne nehmen, etwas abkühlen lassen, dann in mundgerechte Stücke zupfen.
- Die Friséeblätter auf Tellern anrichten, den warmen Kartoffelsalat und die Makrelenstückchen darauf verteilen.

---

10 **Pastete aus Räuchermakrele** 200 g geräuchertes Pfeffermakrelenfilet mit 2 EL Crème fraîche, 150 g Frischkäse und 2 TL Zitronensaft im Küchenmixer zu einer glatten Mischung verarbeiten. In eine Schüssel füllen und 2 EL Schnittlauchröllchen unterrühren. Mit klein gehackten Cornichons garnieren. Dazu Haferkräcker oder frisches Toastbrot reichen.

---

30 **Makrelen-Kartoffel-Pastete** 300 g mehlige Kartoffeln schälen und mit 350 ml heißer Milch, 1 gehackten Knoblauchzehe und je 1 guten Prise Salz und frisch gemahlenem Pfeffer in einen Topf geben. Aufkochen lassen und etwa 15 Minuten köcheln, bis die Kartoffeln weich sind. In der Zwischenzeit 200 g geräuchertes Makrelenfilet mit 2 EL Crème fraîche, 150 g Frischkäse und 2 TL Zitronensaft im Mixer zu einer glatten Mischung verarbeiten. Die Kartoffeln abgießen, dabei die Milch auffangen. Die Kartoffeln fein zerdrücken. Das Makrelenpüree unter das Kartoffelpüree rühren, 2 EL Olivenöl und so viel Milch wie nötig unterarbeiten, bis eine weiche, streichfähige Masse entsteht. In Schüsseln füllen und mit klein gehackten Cornichons garnieren. Dazu warmes knuspriges Brot oder Toast reichen.

Quick Winter Warmers

Herzhafte Suppen & Eintöpfe

Rezepte nach Zubereitungszeit

30

20

10

10 Paprikasuppe mit Kichererbsen-Salsa

Für 4 Personen

2 Gläser (je 350 g) Ajvar (würziges Paprikamus)
500–600 ml Gemüsebrühe
4 EL Crème fraîche
Salz und frisch gemahlener Pfeffer

Für die Salsa
2 EL Olivenöl
½ rote Zwiebel, gehackt
2 Knoblauchzehen, gehackt
1 rote Chili, entkernt und gehackt
2 Dosen Kichererbsen (je 220 g), abgespült und abgetropft
2 reife, feste Tomaten
2 EL gehackte Korianderblätter

- Das Ajvar in einen großen Topf geben und erwärmen. So viel Brühe zugießen, bis eine sämige Suppe entsteht. Mit 4 EL Crème fraîche verfeinern.
- Für die Salsa in einer Pfanne 2 EL Olivenöl erhitzen und Zwiebeln, Knoblauch und Chili bei mittlerer Hitze darin in 5–6 Minuten weich dünsten. Kichererbsen hinzufügen und 2 Minuten braten, dann die Tomaten entkernen und würfeln. Einrühren und die Pfanne vom Herd nehmen.
- Den Großteil der Salsa und die Hälfte des Korianders in die Suppe rühren, mit Salz und Pfeffer abschmecken. In tiefen Tellern anrichten. Mit der restlichen Salsa und dem restlichen Koriander garnieren und sofort mit knusprigem Brot servieren.

---

20 **Paprika-Kichererbsen-Eintopf** 2 rote und 1 gelbe Paprika entkernen und klein schneiden. 1 rote Zwiebel fein hacken. In einem großen Topf 2 EL Olivenöl erhitzen und Paprika und Zwiebeln darin 7–8 Minuten dünsten. 2 gehackte Knoblauchzehen, 1 entkernte und gehackte rote Chili und 1 TL Kümmelsamen zugeben und 1–2 Minuten einrühren. 700 g Passata (passierte Tomaten) aus dem Glas, 800 g abgespülte und abgetropfte Kichererbsen aus der Dose und die fein abgeriebene Schale von 1 unbehandelten Zitrone zugeben. 7–8 Minuten köcheln, dann in tiefe Teller füllen. Mit Korianderblättern garnieren. Dazu Couscous, Reis oder Nudeln servieren.

30 **Paprika-Kichererbsen-Suppe mit Harissa** In einem großen Topf 2 EL Olivenöl erhitzen und 2 entkernte und gewürfelte rote Paprika und 1 gehackte rote Zwiebel bei mittlerer Hitze darin 7–8 Minuten dünsten. Die Temperatur etwas reduzieren und 1–2 EL Harissa (scharfe Gewürzpaste), 2 EL Tomatenmark, 1 TL Kümmelsamen und 1 TL gemahlenen Kreuzkümmel einrühren. 1–2 Minuten weiterrühren, dann 500 g Passata (passierte Tomaten) aus dem Glas, 500 ml Gemüsebrühe und 400 g abgespülte, abgetropfte Kichererbsen aus der Dose zugeben. Gut würzen und zugedeckt etwa 15 Minuten köcheln lassen. Pürieren, bis die gewünschte Konsistenz erreicht ist, in Suppenteller füllen. Zum Servieren mit etwas Chili- oder Olivenöl beträufeln und mit gerösteten Kreuzkümmelsamen bestreuen.

20 Hähnchen-Spinat-Eintopf

Für 4 Personen

600 g Hähnchenkeulen, ohne Haut und Knochen
2 TL gemahlener Kreuzkümmel
1 TL fein geriebener Ingwer
2 EL Olivenöl
1 EL Tomatenmark
800 g Kirschtomaten
50 g Rosinen
250 g gegarte Puy-Linsen
fein abgeriebene Schale von 1 unbehandelten Zitrone
150 g junge Spinatblätter
Salz und frisch gemahlener Pfeffer
1 Handvoll gehackte Petersilienblätter zum Garnieren

- Das Hähnchenfleisch klein schneiden und mit den Gewürzen überziehen. In einem großen Topf 2 EL Olivenöl erhitzen und das Fleisch darin in 2–3 Minuten von allen Seiten bräunen.
- Tomatenmark, Tomaten, Rosinen, Linsen und Zitronenschale hinzufügen, würzen und etwa 12 Minuten köcheln lassen, bis die Mischung eine sämige Konsistenz hat und das Fleisch gar ist.
- Den Spinat einrühren, bis die Blätter etwas zusammengefallen sind. Den Eintopf anrichten, mit Petersilie bestreuen und mit Couscous oder Reis servieren.

10 **Spinat-Brunnenkresse-Suppe** In einem großen Topf 25 g Butter erhitzen und 1 gehackte Knoblauchzehe und 2 gehackte Frühlingszwiebeln bei mittlerer Hitze darin 2–3 Minuten dünsten. 175 g gekochte, gepellte Kartoffeln und 1 l Gemüsebrühe zugeben. Das Ganze zum Kochen bringen, dann 150 g Brunnenkresse und 200 g gehackte Spinatblätter einrühren. Die Suppe glatt pürieren, würzen und 1 Prise geriebene Muskatnuss unterrühren. Zum Servieren mit jeweils 1 Tupfer Crème fraîche und etwas Muskat garnieren.

30 **Hühnersuppe mit Reis und Brunnenkresse** In einem großen Topf 2 EL Pflanzenöl erhitzen und 4 klein geschnittene Frühlingszwiebeln und 2 gehackte Knoblauchzehen darin bei mittlerer Hitze 2–3 Minuten dünsten. 200 g klein geschnittene Hähnchenbrust (ohne Haut) zugeben und in 3–4 Minuten rundherum braun anbraten. 150 g gewaschenen Langkornreis einrühren, bis die Körner mit Öl überzogen sind. 1,2 l Hühner- oder Gemüsebrühe zugießen, mit Salz, frisch gemahlenem Pfeffer und 1 Prise geriebener Muskatnuss würzen. Etwa 15 Minuten köcheln lassen, bis der Reis gar ist. 100 g Brunnenkresse und 100 g frischen Blattspinat einrühren, 1–2 Minuten weiterrühren, bis die Blätter etwas zusammengefallen sind. Dazu Zitronenspalten reichen.

20 Karotteneintopf mit Koriander

Für 4 Personen

875 g Karotten
2 EL Olivenöl
1 TL fein geriebener Ingwer
2 Knoblauchzehen, klein geschnitten
2 TL Baharat (arabische Gewürzmischung)
1 TL gemahlener Koriander
1 Prise Safranfäden
8 getrocknete Aprikosen, in Scheiben geschnitten
1 eingelegte Zitrone, gehackt
400 ml Gemüsebrühe
1 EL gehackte Korianderblätter zum Garnieren

- Die Karotten putzen und in Scheiben schneiden.
- In einem großen Topf 2 EL Olivenöl erhitzen und Karotten, Ingwer und Knoblauch darin 5–6 Minuten dünsten. Gewürze und Aprikosen hinzufügen und 1 Minute einrühren, dann Zitrone und Gemüsebrühe zugeben. Zugedeckt 10–12 Minuten köcheln lassen, bis die Karotten und Aprikosen weich sind.
- Den Eintopf in tiefen Tellern anrichten, mit Koriander bestreuen und mit Bulgur servieren.

---

10 **Karotten-Koriander-Suppe** 600 g gegarte Karotten pürieren und mit 600 ml Gemüsebrühe in einen Topf geben. Mit 1 TL gemahlenem Koriander würzen und erwärmen. In der Zwischenzeit in einer Pfanne 3 EL Olivenöl erhitzen, 2 TL gemahlenen Kreuzkümmel hinzufügen und so lange rühren, bis der Kreuzkümmel zu bräunen beginnt. 4 Pittabrote toasten, mit der Hälfte des Kreuzkümmelöls beträufeln und in Streifen schneiden. Die Suppe mit gehackten Korianderblättern bestreuen und mit dem restlichen Öl beträufeln. Mit den Kreuzkümmeltoasts servieren.

30 **Karotten-Süßkartoffel-Suppe** In einem großen Topf 2 EL Olivenöl erhitzen, 1 gehackte Zwiebel, 1 EL fein geriebenen Ingwer und 2 gehackte Knoblauchzehen hinzufügen und bei mittlerer Hitze in 7–8 Minuten weich dünsten. 1 TL Baharat (arabische Gewürzmischung) und 1 TL gemahlenen Koriander einrühren, 750 g gewürfelte Karotten und 1 gewürfelte Süßkartoffel zugeben. Gut umrühren, dann 1,2 l Gemüse- oder Hühnerbrühe zugießen. Zugedeckt bei mittlerer Hitze etwa 15 Minuten köcheln, bis das Gemüse weich ist. Die Suppe pürieren, abschmecken und in tiefen Tellern anrichten. Mit reichlich gehackten Korianderblättern bestreut servieren.

1 Erbsen-Porree-Suppe

Für 4 Personen
2 Schalotten
2 Porreestangen
50 g Butter
1 EL gehackte Petersilienblätter
100 ml Crème fraîche
1 l Gemüsebrühe
350 g Erbsen
Salz und frisch gemahlener Pfeffer

- Die Schalotten fein hacken und die Porreestangen klein schneiden.
- In einem großen Topf 50 g Butter zerlassen, Schalotten und Porree zugeben und in 5–6 Minuten weich dünsten.
- In der Zwischenzeit die gehackten Kräuter unter die Crème fraîche rühren und beiseitestellen.
- Gemüsebrühe und Erbsen zum Porree geben und 2–3 Minuten köcheln lassen bzw. so lange, bis die Erbsen gar sind.
- Nach Geschmack würzen, dann in Suppenschüsseln füllen und mit einem Tupfer Kräuter-Crème-fraîche servieren.

---

2 Kartoffel-Porree-Suppe mit Erbsen In einem großen Topf 2 EL Olivenöl erhitzen und 900 g geschälte und gewürfelte Kartoffeln, 2 klein geschnittene Porreestangen und 3 klein geschnittene Frühlingszwiebeln unter Rühren darin 5 Minuten dünsten. 1,2 l Gemüsebrühe zugießen, würzen und etwa 12 Minuten köcheln lassen, bis die Kartoffeln weich sind. 150 g Erbsen in den letzten 2–3 Minuten mitgaren. Während die Suppe kocht, 1 EL gehackte Petersilienblätter mit 100 ml Crème fraîche verrühren. Die Suppe glatt pürieren, in Schüsseln füllen und mit der Kräutercreme servieren.

3 Kartoffeleintopf mit Porree und Erbsen
In einem großen Topf 25 g Butter und 1 EL Pflanzenöl erhitzen. 3 klein geschnittene Porreestangen und 2 gehackte Knoblauchzehen zugeben und 4–5 Minuten weich dünsten. In der Zwischenzeit 500 g geschälte Kartoffeln und 300 g ebenfalls geschälte Süßkartoffeln in mundgerechte Stücke schneiden. Mit 50 g Perlgraupen, 400 ml Gemüsebrühe, 1 Rosmarinzweig und 2 Thymianzweigen in den Topf geben. Mit 1 Prise Salz und reichlich schwarzem Pfeffer würzen und 20–22 Minuten köcheln lassen. 200 g Erbsen in den letzten 3–4 Minuten der Kochzeit mitgaren. Die Kräuterzweige wieder entfernen und den Eintopf in tiefen Tellern anrichten. Mit Schnittlauch bestreut zu knusprigem Brot servieren.

30 Chinatopf mit Rindfleisch und Ingwer

Für 4 Personen

2 EL Pflanzenöl
1 Zwiebel, halbiert, in Scheiben geschnitten
1 TL frisch geriebener Ingwer
2 Knoblauchzehen, klein geschnitten
2 Frühlingszwiebeln, in schräge Stücke geschnitten
1 TL Fünf-Gewürze-Pulver
½ TL Chiliflocken
1 Sternanis
600 ml Rinderbrühe
3 EL Austernsauce
2 EL Sojasauce
1 ½ EL Speisestärke, mit 1 EL Wasser verrührt
500 g Rinderfilet
175 g Zuckererbsen, grob zerkleinert
Salz und frisch gemahlener Pfeffer

- In einem großen Topf 1 EL Pflanzenöl erhitzen und die Zwiebeln darin weich dünsten. Ingwer, Knoblauch und Frühlingszwiebeln zugeben und in 2–3 Minuten unter Rühren weich garen. Bei schwacher Hitze die Gewürze 1–2 Minuten einrühren, bis sie zu duften beginnen. Die Rinderbrühe hinzufügen.
- Austern- und Sojasauce vermischen, zur Speisestärke geben, dann in die Brühe rühren und zum Kochen bringen. 10 Minuten köcheln lassen, dabei gelegentlich umrühren.
- In der Zwischenzeit das Rinderfilet in feine Streifen schneiden. 1 EL Pflanzenöl in Wok oder Pfanne erhitzen und das Fleisch auf höchster Stufe in 3–4 Minuten von allen Seiten scharf anbraten. Beiseitestellen.
- Die Zuckererbsen in die Brühe geben, 2–3 Minuten köcheln lassen, dann das Fleisch hinzufügen. Abschmecken. In tiefen Tellern anrichten und sofort mit Thai-Reis servieren.

---

10 Nudelsuppe mit Rindfleisch 1,2 l Rinderbrühe in einen Topf gießen und 1 TL fein geriebenen Ingwer, 1 klein geschnittene rote Chili und 2 EL Sojasauce hinzufügen. 2–3 Minuten köcheln lassen, dann 600 g Wok-Nudeln zugeben und 2–3 Minuten mitkochen. 350 g fein geschnittenes Rinderfilet, 100 g grob zerkleinerte Zuckererbsen und 50 g Bohnensprossen in den Topf geben und weitere 2–3 Minuten kochen lassen. In Schalen füllen und servieren.

20 Rindfleischbrühe mit Wintergemüse 500 g Rinderlende oder Rumpsteak gegen die Faser in feine Scheiben schneiden. Mit 1 EL fein geriebenem Ingwer, 1 zerdrückten Knoblauchzehe, 1 fein gehackten roten Chili und 1 TL zerkleinertem Zitronengras in eine Schüssel geben, gut mischen und 5 Minuten marinieren lassen. In einem großen Topf oder einem Wok 2 EL Pflanzenöl erhitzen und das marinierte Fleisch darin unter Rühren 3–4 Minuten bei mittlerer Hitze braten. Mit 750 ml Rinderbrühe ablöschen, 3 EL Austernsauce und 2 EL Sojasauce einrühren und 2–3 Minuten köcheln lassen. 250 g zerkleinertes Wintergemüse (z. B. Wirsing oder Spitzkohl) zugeben und 4-5 Minuten mitköcheln. Die Suppe in Schalen füllen und mit einigen Bohnensprossen bestreuen.

20 Linsen-Pastinaken-Dhal

Für 4–6 Personen

300 g rote Spaltlinsen
2 EL Pflanzenöl
1 Zwiebel, fein gehackt
2 Knoblauchzehen, zerdrückt
1 EL fein geriebener Ingwer
2 TL mildes Currypulver
1 TL Garam Masala (indische Gewürzmischung)
½ TL gemahlene Kurkuma
500 g Pastinaken, gewürfelt
400 ml Gemüsebrühe
2 EL Kokoscreme
150 g Spinatblätter, grob gehackt
Salz und frisch gemahlener Pfeffer

- Die Linsen in kochendem Wasser 15 Minuten bzw. nach Packungsanleitung garen.
- In der Zwischenzeit in einem großen Topf 2 EL Pflanzenöl erhitzen und Zwiebeln, Knoblauch und Ingwer bei mittlerer Hitze unter häufigem Rühren in 5–6 Minuten etwas Farbe annehmen lassen. Die Gewürze sowie die Pastinaken zugeben und 1 Minute kochen, dann Brühe und Kokoscreme ergänzen und die Pastinaken in ca. 10 Minuten weich garen.
- Die Linsen abgießen und zur Brühe in den Topf geben. Die Spinatblätter 1 Minute einrühren, bis sie leicht zusammenfallen. Abschmecken, in Schalen füllen und mit indischem Naan-Brot servieren.

---

10 Linsensuppe mit Pastinakencroûtons In einem großen Topf 2 EL Pflanzenöl erhitzen, 1 geriebene rote Zwiebel, 2 zerdrückte Knoblauchzehen und 2 TL fein geriebenen Ingwer etwa 4–5 Minuten darin weich dünsten. In der Zwischenzeit in einer Pfanne 2 EL Pflanzenöl erhitzen und 250 g fein gewürfelte Pastinaken 7–8 Minuten darin unter Rühren braten. Auf Küchenpapier abtropfen lassen. 2 TL mildes Currypulver, 1 TL Garam Masala (indische Gewürzmischung) und ½ TL gemahlene Kurkuma zur Zwiebelmischung hinzufügen und 1 Minute erhitzen. 2 Dosen abgespülte, abgetropfte Linsen (je 400 g) und 1,2 l Gemüsebrühe zugeben. 3–4 Minuten köcheln, dann die Suppe bis zur gewünschten Konsistenz pürieren. In Suppentassen füllen und mit den goldgelben Pastinakencroûtons bestreuen.

---

30 Pastinaken-Linsen-Suppe mit Curry In einem großen Topf 2 EL Pflanzenöl erhitzen und 1 gehackte Zwiebel, 2 gehackte Knoblauchzehen und 1 EL frisch geriebenen Ingwer bei mittlerer Hitze darin 4–5 Minuten dünsten. Bei reduzierter Temperatur 2 TL mildes Currypulver, 1 TL Garam Masala (indische Gewürzmischung) und ½ TL gemahlene Kurkuma einrühren, 125 g rote Spaltlinsen und 850 g gewürfelte Pastinaken hinzufügen. 1 Minute dünsten, dann 1,3 l Gemüsebrühe und 200 ml Kokosmilch zugeben. Zugedeckt 15 Minuten köcheln lassen, pürieren, abschmecken und mit indischem Naan-Brot servieren.

30 Lamm-Gnocchi-Eintopf

Für 4 Personen

3 EL Olivenöl
500 g Lammfleisch, in Würfel geschnitten
1 Zwiebel, gehackt
2 Knoblauchzehen, gehackt
1 Lorbeerblatt
1 EL gehackter Oregano zzgl. etwas zum Garnieren
2 EL Tomatenmark
125 ml trockener Rotwein
2 Dosen gehackte Tomaten (je 400 g)
fein abgeriebene Schale von 1 unbehandelten Zitrone
400 g frische Kartoffelgnocchi
75 g Feta
Salz

- In einer großen ofenfesten Pfanne 2 EL Olivenöl bei hoher Temperatur erhitzen und das Lamm 2–3 Minuten von allen Seiten kräftig anbraten. Das Fleisch herausnehmen und auf einen Teller legen.
- Den Backofengrill auf mittlerer Stufe vorheizen. Bei leicht reduzierter Hitze Zwiebeln und Knoblauch in 3–4 Minuten knapp weich braten. Lorbeerblatt, Oregano und Tomatenmark zugeben und 1 Minute einrühren. Den Rotwein zugießen, 1 Minute kochen, dann Tomaten und Zitronenschale hinzufügen und in 5–6 Minuten leicht eindicken lassen. Abschmecken. Das Fleisch wieder in die Pfanne geben und weitere 5–6 Minuten mitgaren.
- In der Zwischenzeit die Gnocchi in kochendem Salzwasser nach Packungsanleitung garen. Abgießen. Die Gnocchi auf dem Lamm verteilen. Mit zerkrümeltem Feta bestreuen und mit 1 EL Olivenöl beträufeln. Unter dem Grill in 4–5 Minuten goldbraun backen. Zum Servieren mit Oregano bestreuen.

---

10 **Lammratatouille mit Bratgnocchi** In einer Pfanne 2 EL Pflanzenöl erhitzen und 4 Lammkeulensteaks bei großer Hitze von jeder Seite 1 Minute scharf anbraten. 125 ml Rotwein zugießen und auf die Hälfte einköcheln lassen. 2 Dosen Ratatouille (je 400 g) zugeben, 3–5 Minuten kochen, bis das Fleisch gar ist. In der Zwischenzeit 1 EL Öl in einer zweiten Pfanne erhitzen und 400 g frische Kartoffelgnocchi 3–5 Minuten darin braten. Das Ratatouille mit 2 EL gehackten Petersilienblättern und Fetastückchen garnieren und zu den Gnocchi servieren.

20 **Ratatouille mit Lammsteaks** Den Backofen auf 200 °C vorheizen. 400 g frische Kartoffelgnocchi in kochendem Salzwasser nach Packungsanleitung garen, dann abgießen. In der Zwischenzeit in einer großen, ofenfesten Pfanne 2 EL Olivenöl erhitzen und 4 Lammkeulensteaks von jeder Seite 1 Minute darin braten. 2 Dosen Ratatouille (je 400 g) und 1 Dose abgespülte, abgetropfte Flageolet-Bohnen (400 g) hinzufügen und zum Kochen bringen. Die Gnocchi gleichmäßig darauf verteilen, mit 75 g zerkrümeltem Feta und 1 TL getrocknetem Oregano bestreuen. Mit 1 EL Olivenöl beträufeln, dann im Backofen 12–15 Minuten backen, bis die Gnocchi goldbraun sind. Mit einem griechischen Salat servieren.

20 Süßkartoffelsuppe mit Hähnchenstreifen

Für 4–6 Personen

2 EL Pflanzenöl
1 rote Zwiebel, gehackt
1 Selleriestange, gehackt
1 EL fein geriebener Ingwer
1 EL Grillhähnchengewürz
1 kg Süßkartoffeln, fein gewürfelt
1,2 l Hühnerbrühe
2 EL Limettensaft
250 g gegartes Hähnchenfleisch
Salz und frisch gemahlener Pfeffer
1 in dünne Scheiben geschnittene Frühlingszwiebel zum Garnieren

- In einem großen Topf 2 EL Pflanzenöl erhitzen und Zwiebeln, Sellerie und Ingwer in 4–5 Minuten darin knapp weich dünsten. Die Gewürzmischung einrühren, die Süßkartoffeln hinzufügen und 1 Minute andünsten.
- Die Hühnerbrühe zugießen und die Suppe bei mittlerer Hitze etwa 12 Minuten köcheln lassen, bis die Süßkartoffeln weich sind. Nach Geschmack pürieren, Limettensaft einrühren und abschmecken.
- Das Hähnchenfleisch in Streifen schneiden. Die Suppe in tiefen Tellern anrichten und jeweils etwas Fleisch daraufgeben. Mit Frühlingszwiebeln bestreut servieren.

---

10 **Hühnerbrühe mit Frühlingszwiebeln** In einem großen Topf 2 EL Pflanzenöl bei mittlerer Temperatur erhitzen und 3 klein geschnittene Frühlingszwiebeln und 1 EL frisch geriebenen Ingwer in 1–2 Minuten darin weich dünsten. 1 EL Grillhähnchengewürz einrühren, 1 Minute köcheln, dann 1,2 l Hühnerbrühe zugießen. 3–4 Minuten leicht kochen lassen. Vom Herd nehmen und 250 g gegartes, zerkleinertes Hähnchenfleisch und 1–2 EL Limettensaft zugeben. In tiefen Tellern mit Frühlingszwiebeln bestreut servieren.

---

30 **Hähnchen-Süßkartoffel-Curry** 500 g gewürfeltes Hähnchenfleisch mit 1 ½ EL Grillhähnchengewürz mischen und beiseitestellen. In einem großen Topf 2 EL Pflanzenöl bei mittlerer Temperatur erhitzen und 1 gehackte Zwiebel, 1 große entkernte und gewürfelte rote Paprika, 2 gehackte Knoblauchzehen und 2 TL frisch geriebenen Ingwer in 6–7 Minuten darin weich dünsten. Das Hähnchenfleisch hinzufügen und unter Rühren in 2–3 Minuten von allen Seiten braun anbraten. 600 g gewürfelte Süßkartoffeln einrühren und 500 ml Hühnerbrühe zugießen. Bei mittlerer Hitze 12–15 Minuten köcheln lassen, bis Fleisch und Süßkartoffeln gar sind. Auf Basmatireis anrichten und mit Frühlingszwiebeln bestreuen.

30 Schwarzaugenbohnen mit Wursteinlage

Für 4 Personen

6 dicke Bratwürste, z. B. italienische Salsiccia
1 EL Olivenöl
225 g Chorizo (würzige spanische Wurst), gewürfelt
2 Porreestangen, in dicke Scheiben geschnitten
1 Selleriestange, klein gehackt
2 Knoblauchzehen, gehackt
125 ml trockener Weißwein
400 ml Gemüsebrühe
2 TL gehackte Salbeiblätter
1 EL körniger Senf
1 Dose Schwarzaugenbohnen (400 g), abgespült und abgetropft

- Den Backofengrill auf höchster Stufe vorheizen. Die Würste unter dem heißen Grill in 5–6 Minuten braun grillen, dabei gelegentlich wenden. Zum Abkühlen beiseitestellen.
- In der Zwischenzeit in einem großen Topf 1 EL Olivenöl erhitzen und Chorizo, Porree und Sellerie bei mittlerer Hitze in 4–5 Minuten darin weich dünsten. Knoblauch zugeben und 2 Minuten mitgaren. Den Wein zugießen und auf die Hälfte einkochen lassen. Brühe, Salbei, Senf und Bohnen in den Topf geben und das Ganze wieder zum Kochen bringen.
- Die abgekühlte Wurst in Scheiben schneiden und in den Topf geben. Den Eintopf etwa 15 Minuten köcheln lassen, bis die Sauce etwas eingedickt ist. Dazu knuspriges Brot reichen.

---

10 Augenbohnensuppe mit knusprigem Wurstbrät In einem Topf 50 g Butter erhitzen und 2 in dünne Scheiben geschnittene Porreestangen und 1 gehackte Selleriestange 3–4 Minuten darin dünsten. In der Zwischenzeit 3 frische grobe Bratwürste von der Pelle befreien. In einer Pfanne 1 EL Pflanzenöl erhitzen und die Würste darin knusprig braten, das Wurstbrät dabei zerdrücken. 2 gehackte Knoblauchzehen zur Porreemischung geben, 2 Minuten erhitzen, dann 2 Dosen abgespülte, abgetropfte Schwarzaugenbohnen (je 400 g) und 1,2 l Gemüsebrühe hinzufügen. Aufkochen lassen und anschließend pürieren. Zum Servieren mit der Wurst bestreuen.

20 Augenbohnensuppe mit Weißweinaroma Den Backofengrill auf mittlerer Stufe vorheizen. 6 würzige grobe Bratwürste unter dem heißen Grill etwa 12–14 Minuten braten, dabei gelegentlich wenden. In der Zwischenzeit in einem großen Topf 50 g Butter erhitzen und je 2 fein geschnittene Porree- und Selleriestangen 5–6 Minuten darin knapp weich dünsten. 2 gehackte Knoblauchzehen zugeben und 2 Minuten mitgaren. 125 ml trockenen Weißwein zugießen und so lange erhitzen, bis der Alkohol verkocht ist. 1 Dose abgespülte, abgetropfte Schwarzaugenbohnen (400 g), 1 EL gehackte Salbeiblätter und 1 l Gemüsebrühe zugeben. 6–7 Minuten köcheln lassen, bis alle Zutaten weich sind. Die Wurst in dicke Scheiben schneiden und in 4 Tellern anrichten. Mit Suppe auffüllen. Die Teller mit gehackten Petersilienblättern garnieren.

20 Fischsuppe mit Kokosmilch und Zitronengras

Für 4 Personen

3 EL rote Currypaste
400 ml Kokosmilch
2 Stängel Zitronengras
400 ml Gemüsebrühe
2 TL Fischsauce
250 g Reisbandnudeln
600 g weiße Fischfiletstücke, ohne Gräten
150 g Bohnensprossen
1 EL gehackte Korianderblätter und 1 rote in Scheiben geschnittene Chili zum Garnieren

- In einem großen Topf die Currypaste und die Kokosmilch zum Kochen bringen und 2–3 Minuten sanft köcheln lassen. Von den Zitronengrasstängeln die holzigen Außenblätter entfernen. Die Stängel halbieren und mit dem Messerrücken etwas pressen. Brühe, Fischsauce und das Zitronengras zur Kokosmilch hinzufügen und weitere 5 Minuten kochen.
- In der Zwischenzeit die Reisnudeln nach Packungsanleitung in Wasser einweichen.
- Die Fischstücke zur Suppe geben und weitere 3–4 Minuten köcheln lassen, bis der Fisch gar ist. Die Bohnensprossen einrühren und den Topf vom Herd nehmen. Die Zitronengrasstängel aus der Suppe entfernen.
- Die Nudeln abgießen und in 4 Suppenschalen anrichten. Die Fischsuppe darauf verteilen und mit gehackten Korianderblättern und klein geschnittener Chili garnieren.

---

10 Kokos-Nudelsuppe mit Garnelen 2 EL rote Currypaste mit 400 ml Kokosmilch, 1 TL Zitronengraspaste und 2 EL Fischsauce in einen Topf geben. Aufkochen und 4–5 Minuten köcheln lassen. 300 g geschälte und gegarte Garnelen und 375 g gegarte Reisnudeln zugeben. 2 Minuten köcheln lassen, bis Nudeln und Garnelen heiß genug sind. In Suppenschalen anrichten und mit gehackten Petersilienblättern und klein geschnittener Chili bestreuen.

30 Fischeintopf mit Kokos In einem großen Topf 2 EL Pflanzenöl erhitzen und 3 klein geschnittene Schalotten in 3–4 Minuten weich dünsten, bis sie leicht Farbe angenommen haben. 2 zerdrückte Knoblauchzehen, 2 TL frisch geriebenen Ingwer und 2 fein gehackte Zitronengrasherzen zugeben und unter Rühren 2 Minuten braten. 3 EL rote Currypaste und 3 EL von insgesamt 400 ml Kokosmilch bei mittlerer Hitze einrühren und 2–3 Minuten köcheln lassen. Die restliche Kokosmilch und 300 ml Hühner- oder Fischbrühe sowie 2 zerkleinerte Limettenblätter und die fein abgeriebene Schale von 1 unbehandelten Limette hinzufügen. Das Ganze aufkochen und 10 Minuten köcheln lassen. 400 g grätenfreies weißes Fischfilet in mundgerechte Stücke schneiden und mit 200 g geschälten rohen Garnelen in den Topf geben, weitere 3–4 Minuten kochen. Mit Klebreis servieren.

10 Mulligatawny-Suppe aus dem Becher

Für 4–6 Personen

2 EL Pflanzenöl
1 Zwiebel, grob gerieben
1 Knoblauchzehe, zerdrückt
3 EL mittelscharfe Currypaste
½ TL gemahlene Kurkuma
1 l Hühnerbrühe
1 kleiner Apfel, geschält, entkernt und gerieben
500 g gekochter Basmatireis
350 g gegartes Hähnchenfleisch, in mundgerechte Stücke geschnitten
100 g kleine Croûtons (FP)
1 EL gehackte Korianderblätter zum Garnieren

- In einem großen Topf 2 EL Pflanzenöl erhitzen und Zwiebeln und Knoblauch unter häufigem Rühren darin 3–4 Minuten braten, bis beides weich ist.
- Currypaste und Kurkuma 1 Minute lang einrühren, dann Brühe, Apfel und Reis zugeben. 3–4 Minuten köcheln lassen, bis die Suppe eine sämige Konsistenz hat.
- Das Hähnchenfleisch zugeben und erwärmen. Die Mulligatawny-Suppe in großen Bechern servieren und mit Croûtons und Korianderblättern garnieren.

---

20 **Madras-Mulligatawny mit Kartoffeln** In einem großen Topf 2 EL Pflanzenöl erhitzen und 1 gehackte Zwiebel, 2 gehackte Knoblauchzehen, 1 fein gewürfelte Karotte und 2 gewürfelte Kartoffeln bei mittlerer Hitze unter häufigem Rühren 6–7 Minuten darin dünsten. 2 EL Madras-Currypaste einrühren. 1,2 l Hühnerbrühe und 1 kleinen, geschälten, entkernten und geriebenen Apfel in den Topf geben. Das Ganze aufkochen und 8–10 Minuten köcheln lassen. Nach Geschmack pürieren, dann 250 g gekochten Basmatireis und 250 g zerkleinertes gegartes Hähnchenfleisch unterrühren. In tiefen Tellern anrichten und mit gehackten Kräutern bestreuen.

---

30 **Eintopf auf englische Mulligatawny-Art** In einem großen Topf 2 EL Pflanzenöl erhitzen und 1 grob gehackte Zwiebel sowie 1 entkernte und klein geschnittene rote Paprika 5–6 Minuten darin knapp weich dünsten. 2 zerdrückte Knoblauchzehen und 2 TL frisch geriebenen Ingwer einrühren. 3 EL Madras-Currypaste zugeben und 1 weitere Minute rühren. 500 g Hähnchenfleisch in mundgerechten Stücken (ohne Haut und Knochen) mit 100 g roten Spaltlinsen in den Topf geben. 2–3 Minuten kochen, dabei häufig umrühren, bis das Fleisch Farbe angenommen hat. Mit 500 ml Hühnerbrühe ablöschen und 1 kleinen, geschälten, entkernten und geriebenen Apfel sowie 2 gewürfelte Kartoffeln hinzufügen. Aufkochen und 15–18 Minuten köcheln lassen, bis das Gemüse und die Linsen weich sind. Mit gehackten Korianderblättern garnieren. Dazu Basmatireis reichen.

30 Bratkartoffeln mit Wintergemüse

Für 4–6 Personen

750 g kleine festkochende Kartoffeln, geschält
25 g Butter
1 Zwiebel, gehackt
2 Knoblauchzehen, gehackt
500 ml Gemüsebrühe
3 Pastinaken, klein geschnitten
1 kleine Sellerieknolle, geschält und klein gewürfelt
3 Karotten, in mundgerechte Scheiben geschnitten
2 Porreestangen, in breite Scheiben geschnitten
1 EL gehackte Rosmarinnadeln
2 EL Olivenöl
Salz und frisch gemahlener Pfeffer
1 Handvoll fein gehackte Petersilienblätter zum Garnieren

- Die Kartoffeln in Salzwasser in 8–10 Minuten garen, abgießen und zum Abkühlen beiseitestellen.
- In der Zwischenzeit in einem großen Topf 25 g Butter erhitzen und Zwiebeln und Knoblauch etwa 5 Minuten darin dünsten, bis beides weich ist.
- Die Brühe zugießen und das vorbereitete Gemüse sowie den Rosmarin zugeben. Mit etwas Salz und Pfeffer würzen. Zugedeckt bei mittlerer Hitze 15–20 Minuten köcheln lassen, bis das Gemüse weich ist.
- Die erkalteten Kartoffeln in dicke Scheiben schneiden. In einer Pfanne 2 EL Olivenöl erhitzen und die Kartoffeln darin in 10–12 Minuten knusprig braten, gelegentlich wenden. Auf Küchenpapier abtropfen lassen.
- Den Gemüseeintopf in tiefen Tellern anrichten, die Kartoffeln darauflegen. Mit gehackten Petersilienblättern bestreuen.

---

10 Pürierter Gemüseeintopf 1,2 l Gemüsebrühe mit 1 Rosmarinzweig aufkochen. 1 kg gemischtes Suppengemüse aus der Tiefkühltheke sowie etwas Salz und frisch gemahlenen Pfeffer zugeben und das Ganze 5–6 Minuten köcheln lassen, bis das Gemüse gar ist. Rosmarin entfernen und die Suppe pürieren, gegebenenfalls etwas Flüssigkeit zugeben. In Schalen anrichten, jeweils mit 1 EL Sahne beträufeln und mit etwas frisch geriebener Muskatnuss bestreuen.

20 Wintergemüsesuppe In einem großen Topf 50 g Butter erhitzen und 2 klein geschnittene Porreestangen in 3–4 Minuten darin fast weich garen. 1 kg gemischtes und fein gewürfeltes Wintergemüse (z. B. Kürbis, Kartoffeln, Karotten, Pastinaken) zugeben und weitere 2–3 Minuten köcheln lassen. 1,2 l Gemüsebrühe sowie etwas Salz und frisch gemahlenen Pfeffer hinzufügen und abgedeckt 10–12 Minuten kochen. Pürieren, gegebenenfalls etwas Flüssigkeit zugeben. In tiefen Schalen anrichten. Mit etwas Rosmarinöl beträufeln und mit geriebenem Pecorino bestreuen. Sofort servieren.

30 Peperonata mit Kartoffeln und Schweinefilet

Für 4 Personen

2 EL Olivenöl
450 g Schweinefilet, gewürfelt
150 g Chorizo (würzige spanische Wurst), gewürfelt
1 rote Paprika, entkernt und in Streifen geschnitten
1 Zwiebel, halbiert und in Scheiben geschnitten
2 Knoblauchzehen, gehackt
150 g Pilze, in Scheiben geschnitten
1 EL Pimentón de la Vera (geräuchertes Paprikapulver)
450 g Kartoffeln, geschält und gewürfelt
1 Dose gehackte Tomaten (400 g)
175 ml Gemüsebrühe
Salz und frisch gemahlener Pfeffer
100 g Sauerrahm und 2 EL gehackte Petersilienblätter zum Garnieren

- In einer großen, tiefen Pfanne 2 EL Olivenöl erhitzen und das Schweinefilet bei mittlerer Temperatur in 2–3 Minuten darin von allen Seiten scharf anbraten. Chorizo zugeben und 1 Minute mitbraten. Fleisch und Wurst auf einen Teller legen und beiseitestellen.
- Paprika und Zwiebeln in die Pfanne geben und in 3–4 Minuten weich dünsten, Knoblauch und Pilze hinzufügen und 2–3 Minuten garen.
- Paprikapulver und Kartoffeln einrühren und 1 Minute erhitzen. Tomaten und Brühe in die Pfanne geben und das Gemüse etwa 12 Minuten köcheln lassen. Die Kartoffeln sollten dann gar sein.
- Fleisch und Wurst wieder in die Pfanne geben und weitere 5–6 Minuten garen, nach Geschmack würzen.
- In tiefen Tellern anrichten und mit 1 Tupfer Sauerrahm und Petersilie garnieren. Dazu schmeckt Basmatireis.

10 **Peperonata mit Chorizo** In einer großen Pfanne 2 EL Olivenöl erhitzen und 400 g Schweinefleischstreifen bei mittlerer Hitze unter Rühren 2–3 Minuten darin braten, dann 200 g gewürfelte Chorizo (würzige spanische Wurst) zugeben und 1–2 Minuten mitbraten. 150 g geviertelte Champignons 2–3 Minuten einrühren, dann 280 g geröstete Paprika aus dem Glas unterrühren. Mit je einem Tupfer Sauerrahm und mit gehackten Petersilienblättern garnieren. Sofort mit Reis servieren.

20 **Paprika-Peperonata mit Schweinekoteletts** In einer großen Pfanne 3 EL Olivenöl bei mittlerer Temperatur erhitzen. 2 rote, 1 gelbe und 1 orangefarbene Paprika entkernen und klein schneiden. Mit 1 in Scheiben geschnittenen roten Zwiebel in der Pfanne 3–4 Minuten anbraten. Bei etwas reduzierter Hitze 100 g in Scheiben geschnittene Chorizo (würzige spanische Wurst), 1 TL getrockneten Thymian und je 1 gute Prise Salz und frisch gemahlenen Pfeffer zugeben. Weitere 10 Minuten dünsten, gelegentlich umrühren. 2 klein geschnittene Knoblauchzehen die letzten 3–4 Minuten mitdünsten. Wenn alles weich ist und leicht Farbe angenommen hat, 2 gewürfelte reife Tomaten und 2 TL Balsamicoessig einrühren und 1–2 Minuten erhitzen, bis die Tomaten zerfallen. In der Zwischenzeit in einer großen Pfanne 2 EL Olivenöl erhitzen und 4 gewürzte Schweinekoteletts darin etwa 10 Minuten braten; sie sollten gar, aber noch saftig sein. Auf 4 vorgewärmten Tellern anrichten und mit der Peperonata servieren.

10 Thai-Suppe mit gemischten Pilzen und Knoblauch

Für 4 Personen

1 EL Tom-Yum-Paste (thailändische Suppenpaste)
1 l Gemüsebrühe
150 g Austernpilze
200 g Champignons
100 g Enoki-Pilze
2 Frühlingszwiebeln
2 Knoblauchzehen, fein gehackt
1 EL frisch geriebener Ingwer
2 EL Saft von 1 Limette

- Die Tom-Yum-Paste mit Brühe in einen großen Topf geben und zum Köcheln bringen. Austernpilze und Champignons in Scheiben, die Frühlingszwiebeln in Ringe schneiden. Pilze, Frühlingszwiebeln, Knoblauch und Ingwer in den Topf geben und 5–6 Minuten köcheln lassen, bis die Pilze weich sind und die Aromen sich entfaltet haben.
- In tiefen Tellern anrichten und sofort mit einem Spritzer Limettensaft servieren.

20 Wildpilz-Knoblauch-Brühe

Wildpilz-Knoblauch-Brühe 25 g gemischte Trockenpilze mit 1 l köchelndem Wasser in einen Topf geben, abgedeckt 10 Minuten kochen lassen. In der Zwischenzeit in einem Topf 2 EL Pflanzenöl erhitzen und je 1 klein geschnittene Sellerie- und Porreestange, 2 gehackte Schalotten und 2 gehackte Knoblauchzehen in 7–8 Minuten darin weich dünsten. 300 g in Scheiben geschnittene Champignons zugeben und 2 Minuten mitdünsten, bis diese weich sind. Die getrockneten Pilze abgießen, dabei die Flüssigkeit auffangen. Die Pilze in Scheiben schneiden und zum Gemüse geben, die Brühe hinzugießen und das Ganze 4–5 Minuten köcheln lassen. In Suppenschalen anrichten und sofort servieren.

30 Gemüsesuppe mit gerösteten Pilzen

Gemüsesuppe mit gerösteten Pilzen Den Backofen auf 200 °C vorheizen. 600 g Riesenchampignons mit dem Stiel nach oben nebeneinander in eine flache Auflaufform setzen. 50 g weiche Butter in eine Schüssel geben und mit 1 kleinen zerdrückten Knoblauchzehe, 2 EL gehackten Petersilienblättern und je 1 Prise Salz und frisch gemahlenem Pfeffer vermengen. Die Pilze mit der Knoblauchbutter bestreichen. Im Backofen in etwa 15 Minuten weich backen. In der Zwischenzeit in einem großen Topf 25 g Butter mit 1 EL Olivenöl erhitzen. 1 klein geschnittene Selleriestange, 1 fein gewürfelte Kartoffel, 1 in Scheiben geschnittene Porreestange und 2 TL gehackte Thymianblättchen bei mittlerer Hitze unter häufigem Rühren in 10–12 Minuten darin weich dünsten. 800 ml Gemüsebrühe zugießen und weitere 5–6 Minuten kochen, bis das Gemüse weich ist. Die Pilze aus dem Ofen nehmen, mit in den Topf legen und 2–3 Minuten köcheln. Die Suppe nach Geschmack pürieren. Dazu knuspriges Brot reichen.

30 Süßkartoffelcurry mit Garnelen

Für 4 Personen

2 EL Pflanzenöl
1 große Zwiebel, fein gehackt
2 Knoblauchzehen, fein geschnitten
1 EL frisch geriebener Ingwer
1 grüne Chili, entkernt und klein geschnitten
3 EL milde Currypaste
400 g Süßkartoffeln
400 ml Kokosmilch
250 ml Gemüsebrühe
1 Handvoll Curryblätter
400 g Riesengarnelen
100 g Blattspinat (TK), aufgetaut und abgetropft
1 EL gehackte Korianderblätter zum Garnieren

- In einer großen, tiefen Pfanne oder einem Wok 2 EL Pflanzenöl erhitzen und die Zwiebeln bei mittlerer Hitze darin in 3–4 Minuten leicht bräunen. Knoblauch, Ingwer und Chili zugeben und unter Rühren 2 Minuten braten. Bei reduzierter Hitze die Currypaste einrühren.
- Die Süßkartoffeln schälen, würfeln und unterrühren. Kokosmilch, Brühe und Curryblätter in die Pfanne geben und das Ganze 12–15 Minuten köcheln lassen, bis die Süßkartoffeln fast weich sind.
- Garnelen und Spinat 2–3 Minuten einrühren, bis die Garnelen gar sind.
- Den Curry in Schüsseln servieren und mit gehackten Korianderblättern bestreuen. Dazu Pilawreis oder indisches Naan-Brot reichen.

---

10 Curry-Garnelen-Suppe In einem großen Topf 2 EL Pflanzenöl erhitzen und je 2 klein geschnittene Schalotten und Knoblauchzehen bei hoher Temperatur unter Rühren 2–3 Minuten darin braten. Bei reduzierter Hitze 1 EL milde Currypaste 1 Minute lang einrühren. 1 l heiße Gemüsebrühe zugießen. 300 g geschälte rohe Riesengarnelen, 250 g gegarten Langkornreis, 2 entkernte, gewürfelte Tomaten und 2 EL gehackte Korianderblätter hinzufügen. 2–3 Minuten köcheln lassen, dann sofort servieren.

20 Garnelencurry mit Tomaten In einer großen Pfanne 2 EL Pflanzenöl erhitzen. 1 fein geschnittene Zwiebel, 2 klein geschnittene Knoblauchzehen und 1 EL frisch geriebenen Ingwer zugeben und in 3–4 Minuten weich dünsten. 2 EL milde Currypaste 1 Minute lang einrühren, dann 1 Dose gehackte Tomaten (400 g) und 200 ml Wasser in die Pfanne geben. Etwa 12 Minuten köcheln lassen, 500 g geschälte rohe Riesengarnelen hinzufügen und 2–3 Minuten darin garen. Mit einem Tupfer Naturjoghurt und gehackten Korianderblättern servieren.

10 Bohneneintopf mit Pancetta

Für 4 Personen

3 EL extra natives Olivenöl zzgl. etwas zum Beträufeln
300 g gewürfelter Pancetta (italienischer Bauchspeck)
3 Schalotten, fein gehackt
2 TL gehackte Thymianblättchen
2 Dosen Borlottibohnen (je 400 g), abgespült und abgetropft
1 Dose Cannellinibohnen (400 g), abgespült und abgetropft
200 ml Gemüsebrühe
Salz und frisch gemahlener Pfeffer

- In einer Pfanne 3 EL Olivenöl erhitzen und den Pancetta bei großer Hitze in 2–3 Minuten goldbraun braten. Die Temperatur etwas reduzieren und Schalotten und Thymian 2–3 Minuten mitbraten, bis die Schalotten weich sind. Gelegentlich umrühren.
- Bohnen und Gemüsebrühe zugeben, mit jeweils 1 Prise Salz und Pfeffer würzen und bei mittlerer Hitze 2–3 Minuten köcheln lassen.
- In tiefen Tellern anrichten, mit etwas Olivenöl beträufeln und sofort zu knusprigem Weißbrot servieren. Frisch geriebenen Parmesan dazureichen.

---

20 Minestrone mit Pancetta In einem Topf 2 EL Olivenöl bei mittlerer Temperatur erhitzen und je 2 gehackte Schalotten und Knoblauchzehen sowie je 1 fein gewürfelte Selleriestange und Karotte unter Rühren 5–6 Minuten darin dünsten. 1 Dose gehackte Tomaten (400 g), 1 Dose abgespülte und abgetropfte Borlottibohnen (400 g) und 1 l Gemüsebrühe zugeben und das Ganze 10–12 Minuten köcheln lassen. In der Zwischenzeit 200 g gewürfelten Pancetta (italienischen Bauchspeck) bei mittlerer Hitze 5–6 Minuten braten. Die Suppe in tiefen Tellern anrichten und mit dem Pancetta bestreuen.

30 Nudeleintopf mit Pancetta In einem großen Topf oder Bräter 2 EL Olivenöl bei mittlerer Temperatur erhitzen. 200 g gewürfelten Pancetta (italienischen Bauchspeck), 1 gehackte Zwiebel, 2 gehackte Knoblauchzehen, 2 gewürfelte Selleriestangen und 2 gewürfelte Karotten hinzufügen und in 5–6 Minuten leicht Farbe annehmen lassen. 2 gewürfelte Kartoffeln, 1 Dose gehackte Tomaten (400 g), 1 Dose abgespülte und abgetropfte Borlotti- oder Cannellinibohnen (400 g), 1 TL getrockneten Oregano und 750 ml Gemüsebrühe in den Topf geben. Gut würzen und bei mittlerer Hitze etwa 15 Minuten köcheln lassen, dann 50 g zerbrochene Makkaroni oder andere kleine Nudeln zugeben. 5–6 Minuten kochen, bis die Nudeln und das Gemüse gar sind. Mit dem Pancetta und mit frisch geriebenem Parmesan bestreuen und sofort servieren.

20 Tomaten-Chorizo-Suppe

Für 4 Personen

3 EL Olivenöl
1 rote Zwiebel, gehackt
2 Knoblauchzehen, gehackt
1 TL Pimentón de la Vera (geräuchertes Paprikapulver)
1 Dose Limabohnen (400 g), abgespült und abgetropft
100 g getrocknete Tomaten, in Streifen geschnitten
500 g Passata (passierte Tomaten) aus dem Glas
900 ml Gemüsebrühe
150 g Chorizo (würzige spanische Wurst)
Salz und frisch gemahlener Pfeffer
1 Handvoll gehackte Petersilienblätter zum Garnieren

- In einem großen Topf 2 EL Olivenöl erhitzen und Zwiebeln und Knoblauch bei mittlerer Hitze in 4–5 Minuten darin leicht weich dünsten.
- Paprikapulver und Bohnen zugeben und 1 Minute einrühren, dann getrocknete Tomaten, Passata und Brühe in den Topf geben. Zum Kochen bringen und etwa 10 Minuten köcheln lassen, bis die Suppe eine sämige Konsistenz hat.
- In der Zwischenzeit in einer kleinen Pfanne 1 weiteren EL Öl erhitzen. Die Chorizo würfeln und in der Pfanne unter Rühren in 2–3 Minuten knusprig anbraten. Auf Küchenpapier abtropfen lassen.
- Die Suppe bis zur gewünschten Konsistenz pürieren, abschmecken und in Suppenschüsseln anrichten. Mit Chorizo und Petersilie bestreuen. Knuspriges Brot dazureichen.

---

10 Tomatentopf mit Limabohnen In einer Pfanne 2 EL Olivenöl erhitzen und 200 g gewürfelte Chorizo (würzige spanische Wurst) 2–3 Minuten darin braten. 1 entkernte und gehackte rote Chili und 1 gehackte Knoblauchzehe zugeben. 1–2 Minuten mitbraten, bis Chili und Knoblauch weich sind. 2 Dosen abgespülte, abgetropfte Limabohnen (je 400 g) und 4 gewürfelte reife Tomaten hinzufügen. Etwa 2–3 Minuten rühren, bis alles erwärmt ist, dann abschmecken. 2 EL gehackte Petersilienblätter und 2 TL Sherryessig einrühren und sofort servieren. Mit klein gerupften Rucolablättern garnieren.

30 Tomaten-Kürbis-Eintopf In einem großen Topf oder Bräter 1 EL Olivenöl bei mittlerer Temperatur erhitzen. 200 g Chorizo (würzige spanische Wurst) in Stücke schneiden und in der Pfanne unter gelegentlichem Rühren 2–3 Minuten braten. 1 große, in Scheiben geschnittene rote Zwiebel und 2 gehackte Knoblauchzehen zugeben und in 4–5 Minuten weich dünsten. 1 TL Pimentón de la Vera (geräuchertes Paprikapulver) einrühren, dann 500 g geschälten und gewürfelten Butternut-Kürbis zugeben und 1 Minute erhitzen. 500 g Passata (passierte Tomaten) aus dem Glas, 150 ml Gemüsebrühe und 1 Dose abgespülte, abgetropfte Kichererbsen (400 g) zum Eintopf geben. Zum Kochen bringen und mit Salz und frisch gemahlenem Pfeffer würzen. Etwa 15 Minuten köcheln lassen, bis der Eintopf eine sämige Konsistenz hat und der Kürbis weich ist. Mit gehackten Petersilienblättern garnieren.

30 Rindfleisch-Bohnen-Schmortopf

Für 4 Personen

2 EL Olivenöl
1 Zwiebel, gehackt
2 Knoblauchzehen, fein gehackt
450 g Rindfleischstreifen
1 ½ EL Chipotlepaste (mexikanische Chilipaste)
1 TL gemahlener Kreuzkümmel
1 ½ TL Pimentón de la Vera (geräuchertes Paprikapulver)
175 g geräucherte Mettwurst, in dicke Scheiben geschnitten
250 ml Lagerbier
1 Dose gehackte Tomaten (400 g)
2 EL Tomatenmark
1 Dose Kidneybohnen (400 g), abgespült und abgetropft
1 geröstete rote Paprika, abgetropft und klein geschnitten
1–2 Spritzer Tabasco
Salz und frisch gemahlener Pfeffer

- In einem großen Topf oder Bräter 2 EL Olivenöl erhitzen. Zwiebeln und Knoblauch unter häufigem Rühren in 6–7 Minuten darin weich dünsten.
- In der Zwischenzeit das Fleisch mit Chipotlepaste, Kreuzkümmel und Paprikapulver mischen. Fleisch und Wurst ebenfalls in den Topf geben und unter Rühren bei mittlerer Hitze 1 Minute anbraten. Lagerbier, Tomaten, Tomatenmark, Bohnen, Paprika und Tabasco hinzufügen. Mit Salz und Pfeffer abschmecken. Zugedeckt bei mittlerer Hitze in etwa 20 Minuten sämig einkochen.
- Den Schmortopf in tiefen Tellern anrichten und mit einem Tupfer Sauerrahm garnieren. Pellkartoffeln oder Reis dazureichen.

---

10 **Wildwesteintopf** In einer Pfanne 2 EL Olivenöl erhitzen. 700 g Rindfleischstreifen mit 1 ½ EL Chipotlepaste (mexikanische Chilipaste), 1 TL gemahlenem Kreuzkümmel und 1 ½ TL Pimentón de la Vera (geräuchertem Paprikapulver) mischen und 5–6 Minuten unter Rühren braun anbraten. 2 Dosen Baked Beans (je 400 g), 1 EL Worcestersauce und 2–3 Spritzer Tabasco hinzufügen. Mit Salz und frisch gemahlenem Pfeffer abschmecken und 8–10 Minuten köcheln lassen. Mit Reis servieren.

20 **Bohnensuppe mit Hackfleisch** In einem großen Topf oder Bräter 2 EL Olivenöl erhitzen und 1 Zwiebel, 1 Selleriestange und 1 Knoblauchzehe – jeweils fein gehackt – bei mittlerer Hitze in 3–4 Minuten darin leicht weich dünsten. Bei größerer Hitze 300 g mageres Rinderhack zugeben und in 3–4 Minuten braun und krümelig braten. 2 EL Tomatenmark 1 Minute lang einrühren, 1 l Rinderbrühe, 1 Dose abgespülte und abgetropfte Schwarzaugenbohnen (400 g) sowie 2–3 Spritzer Tabasco zugeben und etwa 10 Minuten bei mittlerer Temperatur köcheln lassen. Sofort mit knusprigem Brot servieren.

10 Kürbis-Reis-Schüssel mit Schinken

Für 4 Personen

800 g Butternut-Kürbis
2 EL süße Chilisauce
2 Frühlingszwiebeln, in schräge Scheiben geschnitten
2 TL frisch geriebener Ingwer
1,2 l Gemüsebrühe
200 g gekochter Schinken, gewürfelt
250 g gekochter Reis
Salz und frisch gemahlener Pfeffer
1 EL gehackte Korianderblätter zum Garnieren

- Den Kürbis schälen und in 1 cm große Würfel schneiden. Mit der Chilisauce, Frühlingszwiebeln und Ingwer in einen großen Topf geben, die Brühe angießen und das Ganze etwa 8 Minuten kochen, bis der Kürbis weich ist.
- Schinken und Reis 2 Minuten vor Garende hinzufügen. Nach Geschmack würzen. In Suppenschüsseln anrichten und mit Koriander bestreuen.

---

20 **Butternutsuppe mit Schinken** In einem großen Topf 2 EL Olivenöl erhitzen und 2 TL frisch geriebenen Ingwer, 1 TL Chiliflocken und 2 gehackte Knoblauchzehen in etwa 2 Minuten darin weich dünsten. 900 g geschälten, gewürfelten Butternut-Kürbis und 1,2 l Gemüsebrühe zugeben. Das Ganze 12–15 Minuten köcheln lassen, bis der Kürbis weich ist. Die Suppe pürieren und abschmecken. 250 g gewürfelten gekochten Schinken einrühren, in Schalen anrichten.

30 **Kürbis-Schinken-Schmortopf** In einem großen Topf 2 EL Olivenöl bei mittlerer Temperatur erhitzen und 1 in Scheiben geschnittene rote Zwiebel in 5–6 Minuten darin weich dünsten. 2 gehackte Knoblauchzehen, 2 TL frisch geriebenen Ingwer und 1 TL Kreuzkümmelsamen einrühren und 2 Minuten köcheln lassen. 900 g Butternut-Kürbis, geschält und gewürfelt, mit 500 ml Gemüsebrühe und ½ Zimtstange zugeben und 12–15 Minuten kochen, bis die Flüssigkeit eingedickt ist. 250 g gegarte Perlgraupen und 250 g klein geschnittenen Kochschinken unterrühren. Köcheln lassen, mit Salz und frisch gemahlenem Pfeffer würzen und sofort servieren.

30 Wirsingsuppe mit Rosmarinpesto

Für 4 Personen

1 EL Olivenöl
200 g durchwachsener Speck
1 Zwiebel, gehackt
1 Selleriestange, klein geschnitten
1 Karotte, gewürfelt
1 l Gemüsebrühe
1 Lorbeerblatt
1 Dose Cannellinibohnen (400 g), abgespült und abgetropft
½ kleiner Wirsing (ca. 250 g)
Salz und frisch gemahlener Pfeffer

Für das Rosmarinpesto
2 EL Rosmarinnadeln
3 EL Olivenöl
1 kleine Knoblauchzehe, zerdrückt

- In einem großen Topf 1 EL Olivenöl erhitzen. Den Speck grob würfeln und bei mittlerer Temperatur in 2–3 Minuten darin braun anbraten. Zwiebeln, Sellerie und Karotte bei reduzierter Hitze zugeben und unter Rühren 2–3 Minuten dünsten.
- Brühe und Lorbeerblatt in den Topf geben und zum Kochen bringen. Die Bohnen einrühren und das Ganze 10–12 Minuten köcheln lassen, bis das Gemüse nahezu weich ist.
- In der Zwischenzeit für das Pesto die Rosmarinnadeln im Küchenmixer oder Mörser zerstoßen und mit 3 EL Olivenöl, dem Knoblauch und je 1 Prise Salz und Pfeffer vermischen.
- Den Wirsing zerkleinern und in die Suppe geben. Weitere 3–5 Minuten köcheln lassen, bis der Kohl gar ist. Abschmecken und in Suppenschüsseln anrichten. Mit Rosmarinpesto beträufeln und mit geriebenem Parmesan bestreuen.

---

10 Wintergemüse mit Speck und Pesto In einem großen Topf 2 EL Olivenöl erhitzen und 200 g gehackten durchwachsenen Speck 3–4 Minuten darin braten. 2 zerdrückte Knoblauchzehen einrühren, dann 500 ml heiße Gemüsebrühe hinzufügen. Aufkochen lassen, dann 400 g klein geschnittenes Wintergemüse (Wirsing, Spitzkohl, Mangold oder Spinat) zugeben und 3–4 Minuten köcheln lassen. In der Zwischenzeit aus 3 EL Olivenöl, 2 EL zerstoßenen Rosmarinnadeln,1 zerdrückten Knoblauchzehe sowie je 1 Prise Salz und Pfeffer ein Pesto bereiten. 2 EL des Pestos in das Gemüse rühren. In tiefen Tellern anrichten und mit weiterem Pesto beträufeln.

20 Gemüsesuppe mit Pesto In einem großen Topf 25 g Butter mit 2 EL Olivenöl erhitzen und je 1 gehackte Zwiebel und Kartoffel und 2 in dünne Scheiben geschnittene Porreestangen in etwa 5–6 Minuten darin fast weich dünsten. In der Zwischenzeit aus 3 EL Olivenöl, 2 EL zerstoßenen Rosmarinnadeln,1 zerdrückten Knoblauchzehe sowie je 1 Prise Salz und frisch gemahlenem Pfeffer ein Pesto bereiten. 1 l Gemüsebrühe in den Topf gießen und die Suppe zugedeckt 7–8 Minuten köcheln lassen, bis das Gemüse weich ist. 250 g klein geschnittenes Wintergemüse wie Wirsing, Spitzkohl, Mangold oder Spinat zugeben und 3–4 Minuten kochen. Die Suppe bis zur gewünschten Konsistenz pürieren, anrichten und mit dem Pesto beträufeln.

10 Thai-Hühnerbrühe

Für 4 Personen

1 EL Pflanzenöl
2 EL grüne Thai-Currypaste
1 l Hühnerbrühe
1 EL Fischsauce
1 TL Zucker
1 rote Chili, entkernt und in Scheiben geschnitten
2–3 Kaffirlimettenblätter, zerkleinert
250 g dünne Reisnudeln
250 g gegartes Hähnchen
1 in dünne Scheiben geschnittene Frühlingszwiebel zum Garnieren

- In einem großen Topf 1 EL Pflanzenöl erhitzen und die Currypaste bei mittlerer Temperatur einrühren. Hühnerbrühe zugießen, dann Fischsauce, Zucker, Chili und Limettenblätter zugeben. Aufkochen und 4–5 Minuten köcheln lassen, damit sich die Aromen entfalten können.
- In der Zwischenzeit die Reisnudeln nach Packungsanleitung gar ziehen lassen. Gut abgießen und die Nudeln auf 4 Suppenschalen verteilen. Das Hähnchenfleisch klein schneiden und jeweils darauf anrichten. Mit Brühe auffüllen. Die Suppe mit Frühlingszwiebeln garnieren.

20 Thai-Suppe mit Wintergemüse

Thai-Suppe mit Wintergemüse In einem großen Topf 2 EL Pflanzenöl erhitzen und 2 klein geschnittene Schalotten in 2–3 Minuten darin fast weich dünsten. 300 g gewürfelte Süßkartoffeln und 300 g gewürfelten Butternut-Kürbis mit 2 EL roter Thai-Currypaste in den Topf geben, mit 400 ml Hühnerbrühe und 400 ml Kokosmilch auffüllen. 1 EL Fischsauce, 1 TL Zucker, 1 entkernte und in Scheiben geschnittene Chili und 2 zerkleinerte Kaffirlimettenblätter zugeben. Die Suppe 12–15 Minuten köcheln lassen, dann 250 gegartes und zerkleinertes Hähnchenfleisch unterrühren. Sofort servieren.

30 Thai-Wintercurry

Thai-Wintercurry In einem großen Topf 2 EL Pflanzenöl erhitzen und 2 klein geschnittene Schalotten in 2–3 Minuten darin fast weich dünsten. 500 g entbeinte Hähnchenkeulen (ohne Haut) zugeben und unter Wenden in 3–4 Minuten anbraten. 600 g gemischtes, gewürfeltes Wintergemüse (z. B. Sellerie, Kürbis, Süßkartoffel, Pastinaken) hinzufügen, dann 2 EL grüne Thai-Currypaste 1–2 Minuten lang einrühren, bis das Fleisch und das Gemüse damit überzogen sind. Mit 400 ml Kokosmilch und 200 ml Hühnerbrühe ablöschen, 1 EL Fischsauce, 1 TL Zucker, 1 entkernte und in Scheiben geschnittene Chili und 2 zerkleinerte Kaffirlimettenblätter zugeben. Das Ganze 15 Minuten köcheln lassen, bis das Gemüse weich ist. Dazu Basmatireis servieren.

10 Pilzeintopf mit Wurst

Für 4 Personen

2 EL Olivenöl
2 Knoblauchzehen, klein geschnitten
2 Frühlingszwiebeln, klein geschnitten
250 g braune Champignons
700 g Passata (passierte Tomaten) aus dem Glas
200 g Cocktailwürstchen

- In einer tiefen Pfanne 2 EL Olivenöl erhitzen und Knoblauch und Frühlingszwiebeln bei mittlerer Temperatur fast weich dünsten. Die Pilze halbieren und zugeben. Das Ganze unter häufigem Rühren in etwa 5 Minuten goldbraun anbraten.
- Die Würstchen halbieren und zusammen mit der Passata einrühren. 2–3 Minuten erhitzen. Sofort mit geriebenem Parmesan bestreuen und servieren. Dazu knuspriges Brot reichen.

---

20 **Bratwursteintopf mit Pilzen** Den Backofengrill auf mittlerer Stufe vorheizen. 8 grobe Bratwürste unter dem Grill unter Wenden 12 Minuten garen. In der Zwischenzeit in einem Topf 2 EL Olivenöl erhitzen und 1 klein geschnittene Zwiebel und 1 gehackte Knoblauchzehe 4–5 Minuten darin andünsten. 250 g halbierte Champignons zugeben und 4–5 Minuten mitdünsten. 700 g Passata (passierte Tomaten) aus dem Glas einrühren und 2–3 Minuten erhitzen. Die Wurst schräg in Scheiben schneiden und in den Topf geben. Unter Rühren 2 Minuten erhitzen, dann zu knusprigen, mit geriebenem Parmesan bestreuten Bratkartoffeln servieren.

---

30 **Wurst-Pilz-Auflauf** 8 grobe Bratwürste unter dem auf mittlerer Stufe vorgeheizten Grill unter Wenden 12 Minuten garen. In der Zwischenzeit in einem Topf 2 EL Olivenöl erhitzen und 1 klein geschnittene Zwiebel und 1 gehackte Knoblauchzehe 4–5 Minuten darin andünsten. 250 g halbierte Champignons zugeben und 4–5 Minuten mitdünsten. 700 g Passata (passierte Tomaten) aus dem Glas einrühren und 2–3 Minuten erhitzen. Die Wurst in eine Auflaufform legen. 75 g frische grobe Semmelbrösel mit 2 EL Olivenöl, 2 fein gehackten Frühlingszwiebeln, 2 EL geriebenem Parmesan, 1 EL gemischten gehackten Kräutern und je 1 Prise Salz und frisch gemahlenem Pfeffer vermischen. Den Pilzeintopf auf den Würsten verteilen und die Semmelbröselmischung darübergeben. Im Backofen bei 200 °C in 12–15 Minuten knusprig backen. Mit einem grünen Salat servieren.

10 Kichererbsensuppe mit knusprigem Schinken

Für 4 Personen

50 g Butter
3 Frühlingszwiebeln, klein geschnitten
1 Knoblauchzehe, zerdrückt
600 ml Gemüsebrühe
1 Dose Kichererbsen (400 g), abgespült und abgetropft
1 Dose grüne Linsen (400 g), abgespült und abgetropft
200 g Erbsen
3 Salbeiblätter, gehackt
1 EL Olivenöl
4 Scheiben Schwarzwälder Schinken
Salz und frisch gemahlener Pfeffer

- In einem großen Topf 50 g Butter zerlassen und Frühlingszwiebeln und Knoblauch in 1–2 Minuten darin weich dünsten.
- Brühe, Kichererbsen, Linsen, Erbsen und Salbei hinzufügen und 5–6 Minuten köcheln lassen, bis die Erbsen weich sind.
- In der Zwischenzeit 1 EL Olivenöl in einer Pfanne erhitzen und den Schinken darin knusprig braten, dabei einmal wenden. Auf Küchenpapier abtropfen lassen.
- Die Suppe bis zur gewünschten Konsistenz pürieren, in Suppenschalen füllen und mit dem zerkleinerten Schinken bestreuen.

---

20 **Erbsen-Linsen-Suppe mit Kartoffeln** In einem großen Topf 50 g Butter zerlassen und je 1 gehackte Zwiebel und Selleriestange, 2 gehackte Knoblauchzehen und 2 fein gewürfelte, geschälte Kartoffeln bei mittlerer Hitze unter Rühren in etwa 10 Minuten darin weich dünsten. 1,2 l Gemüsebrühe, 1 Dose abgetropfte grüne Linsen (400 g) und 200 g Erbsen zugeben, aufkochen und 5–6 Minuten köcheln lassen, bis die Erbsen weich sind. Währenddessen 1 EL Olivenöl in einer Pfanne erhitzen und 4 EL rohe Schinkenwürfel darin knusprig braten. Auf Küchenpapier abtropfen lassen. Suppe nach Geschmack pürieren und mit dem Schinken anrichten.

---

30 **Schinken-Linsen-Eintopf** In einem Bräter 50 g Butter zerlassen. 2 Porreestangen und 1 Selleriestange in dicke Scheiben schneiden, mit 2 gewürfelten Karotten, 1 gehackten Zwiebel, 2 gehackten Knoblauchzehen und 2 grob gewürfelten, geschälten Kartoffeln in den Topf geben und bei mittlerer Hitze in 12–15 Minuten weich dünsten. 500 g gegarte Puy-Linsen und 300 g gewürfelten Wacholderschinken zugeben. 500 ml Gemüsebrühe, 2 Thymianzweige und 1 Lorbeerblatt hinzufügen und das Ganze bei mittlerer Hitze 10 Minuten köcheln lassen, bis das Gemüse gar ist. Mit knusprigem Brot servieren.

20 Chilisuppe à la Mexiko

Für 4 Personen

2 EL Pflanzenöl
1 große rote Paprika, entkernt und in Streifen geschnitten
1 rote Zwiebel, halbiert und in dünne Scheiben geschnitten
1 rote Chili, klein geschnitten
1 ½ TL gemahlener Kreuzkümmel
2 EL Tomatenmark
1 l Rinderbrühe
1 Dose Kidneybohnen (400 g), abgespült und abgetropft
1 Dose Süßmais (125 g), abgetropft
300 g Beefsteak
2 EL Limettensaft
1 EL gehackte Korianderblätter zum Garnieren

- In einem großen Topf 1 EL Pflanzenöl erhitzen und Paprika und Zwiebeln bei mittlerer Hitze in 4–5 Minuten darin leicht Farbe nehmen lassen. Bei reduzierter Temperatur Chili, Kreuzkümmel und Tomatenmark zugeben und 1 Minute einrühren.
- Brühe, Bohnen und Mais hinzufügen und weitere 5–6 Minuten kochen, damit sich die Aromen entfalten.
- In der Zwischenzeit in einer Pfanne 1 weiteren EL Pflanzenöl erhitzen und das Beefsteak von jeder Seite 1–2 Minuten scharf anbraten (die Bratzeit hängt davon ab, wie gegart das Innere des Fleisches sein soll). Das Fleisch auf einen Teller legen und 2–3 Minuten ruhen lassen. Dann gegen die Faser in Streifen schneiden. Die austretenden Säfte in die Suppe geben. Abschmecken.
- Die Suppe in tiefen Tellern anrichten, Fleisch und Limettensaft zugeben. Mit Koriander bestreuen und sofort servieren. Tortillachips und geriebenen Käse dazureichen.

---

10 Fleischbällchenschüssel mit Paprika In einem Topf 2 EL Olivenöl erhitzen und 1 entkernte und in Scheiben geschnittene rote Paprika und 1 klein geschnittene rote Zwiebel 5–6 Minuten darin braten. Die Temperatur reduzieren und 350 g gegarte Fleischbällchen und 2 TL Chipotlepaste (mexikanische Chilipaste) 1 Minute einrühren. 500 g Passata (passierte Tomaten) aus dem Glas zugeben und aufkochen. 1–2 Minuten köcheln lassen und pikant abschmecken. Mit gehackten Korianderblättern garnieren und sofort mit Tortillachips und geriebenem Käse servieren. Als Hauptmahlzeit Reis dazureichen.

30 Fleischbälleneintopf mit Bohnen und Mais Von 8 würzigen groben Bratwürsten das Fleischbrät aus der Pelle drücken und zu 20–24 Bällchen formen. In einer großen, tiefen Pfanne 2 EL Pflanzenöl erhitzen und die Fleischbällchen in 8–10 Minuten darin anbraten. Die Fleischbällchen auf einen Teller legen. Je 1 entkernte und klein geschnittene rote und gelbe Paprika und 1 klein geschnittene rote Zwiebel in die Pfanne geben und bei großer Hitze 3–4 Minuten anbraten. Bei leicht reduzierter Temperatur 1 EL Chipotlepaste (mexikanische Chilipaste) 1 Minute lang einrühren. Die Fleischbällchen mit 700 g Passata (passierte Tomaten) aus dem Glas, 1 Dose abgespülten und abgetropften Kidneybohnen (400 g) sowie 1 Dose Süßmais (125 g), ebenfalls abgetropft, wieder in die Pfanne geben. Etwa 15 Minuten köcheln lassen, bis der Eintopf eine sämige Konsistenz hat. Mit gehackten Korianderblättern garnieren. Dazu Reis, Sauerrahm und geriebenen Käse reichen.

Quick Winter Warmers

Extrapower für das Immunsystem

Rezepte nach Zubereitungszeit

30

20

10

10 Räucherlachs mit Edamamebohnen

Für 4 Personen

250 g tiefgekühlte Edamamebohnen ohne Schale (junge und noch grüne Sojabohnen aus dem Asiahandel)
200 g Räucherlachs
¼ Salatgurke, entkernt, in Stifte geschnitten
1 rote Chili, entkernt, in feine Streifen geschnitten
2 EL süße Sojasauce
2 EL grob gehackte Korianderblätter
3–4 kleine Salatblätter
2 TL Sesam

- Die Bohnen in kochendem Salzwasser 1–2 Minuten köcheln, bis sie weich sind. Abgießen und mit kaltem Wasser abschrecken. Abtropfen lassen.
- In der Zwischenzeit den Lachs in dünne Streifen schneiden und mit Gurke, Chili, Sojasauce und Koriander in einer Schüssel mischen. Die Bohnen zugeben und vorsichtig unterheben.
- 4 Teller mit jeweils einem Salatblatt belegen. Jeweils etwas von der Lachs-Bohnen-Mischung auf die Blätter geben und mit Sesam bestreuen. Sofort servieren.

20 Lachsfilet mit Edamamebohnensalat

4 grätenfreie Lachsfilets mit 2 EL Teriyakisauce (japanischer Würzsauce) beträufeln. In einer Pfanne 1 EL Erdnussöl erhitzen und die Filets bei mittlerer Temperatur von jeder Seite 2–3 Minuten scharf anbraten. Auf einen Teller legen, mit Alufolie abdecken und ruhen lassen. In der Zwischenzeit 250 g tiefgekühlte Edamamebohnen ohne Schale (junge und noch grüne Sojabohnen aus dem Asiahandel) in kochendem Salzwasser 1–2 Minuten garen. Je 250 g gekochte Puy-Linsen, gekochte rote Quinoa und gekochte weiße Quinoa in eine Schüssel geben. ¼ entkernte und gewürfelte Salatgurke, 1 entkernte und fein gehackte rote Chili, 2 klein geschnittene Frühlingszwiebeln und 2 EL gehackte Petersilienblätter zugeben. Für das Dressing 2 EL süße Sojasauce mit 3 EL Limettensaft und 1 EL Sesamöl verrühren. Die Hälfte des Dressings mit den abgekühlten Bohnen unter die Quinoamischung heben und den Salat auf 4 Tellern anrichten. Jeweils ein Stück Lachsfilet darauflegen und mit 1 TL Sesam bestreuen. Das restliche Dressing über den Fisch träufeln.

30 Lachs aus dem Ofen mit Edamamebohnen

4 EL Teriyakisauce (japanische Würzsauce) mit 1 EL Sesamöl verrühren und 4 grätenfreie Lachsfilets damit einstreichen. In eine kleine Bratform legen und 10 Minuten marinieren. Den Backofen auf 200 °C vorheizen. 400 ml Gemüsebrühe aufkochen, 200 g Quinoa einrühren und 12–15 Minuten köcheln lassen. Abgießen. In der Zwischenzeit die Filets mit 2 TL Sesam bestreuen und im Backofen in 12–15 Minuten garen. 250 g Edamamebohnen ohne Schale in kochendem Salzwasser 1–2 Minuten garen. Bohnen und Quinoa mischen und auf Tellern anrichten. Mit dem Lachs belegen. 2 EL süße Sojasauce mit 3 EL Limettensaft und 1 EL Sesamöl verrühren und das Dressing über den Fisch träufeln.

10 Sirloin-Zuckererbsen-Wrap

Für 2 Personen

1 EL Pflanzenöl
1 Sirloinsteak (ca. 200 g)
3 EL crunchy Erdnussbutter
1 rote Chili, entkernt und fein gehackt
1 EL Sojasauce
fein abgeriebene Schale von 1 unbehandelten Limette
150 g Gemüsemix aus Bohnensprossen, Zuckererbsen und Karotten
2 große, weiche Tortillawraps (FP)
1 EL gehackte Korianderblätter
2 TL Limettensaft
Salz und frisch gemahlener Pfeffer

- In einer Pfanne bei hoher Temperatur 1 EL Pflanzenöl erhitzen und das Steak darin von jeder Seite 2–3 Minuten scharf anbraten. Innen sollte es noch rosafarben sein. Auf einem Teller ruhen lassen.
- In der Zwischenzeit die Erdnussbutter in eine kleine Schüssel geben, Chili, Sojasauce und die Limettenschale unterrühren.
- Die Zuckererbsen zerkleinern, die Karotte putzen und in Stifte schneiden.
- Die Tortillas mit der Erdnussbuttermischung bestreichen, mit Gemüse und Koriander belegen.
- Das Steak gegen die Faser in dünne Scheiben schneiden und jeweils auf dem Gemüse anrichten. Mit Limettensaft beträufeln, mit Salz und Pfeffer würzen. Zum Servieren die Tortillas aufrollen.

---

20 Sirloinsteak mit Zuckererbsen aus dem Wok In einem Wok 1 EL Pflanzenöl erhitzen und 200 g dünn geschnittene Sirloinsteakstreifen bei großer Hitze darin unter Rühren 2–3 Minuten braten. Das Fleisch auf einen Teller legen. 1 weiteren EL Öl in den Wok geben und 1 klein geschnittene Knoblauchzehe, 2 TL fein geriebenen Ingwer, 1 gehackte rote Chili, 150 klein geschnittene Zuckererbsen und 1 entkernte und in Streifen geschnittene rote Paprika 4–5 Minuten darin braten. Das Fleisch und 1 Handvoll Bohnensprossen 1 Minute mitbraten. 2 EL Sojasauce, 2 TL Sesamöl und 1 EL Limettensaft 1 Minute vor Garende unterrühren. Mit Erdnüssen bestreuen und mit Reis servieren.

30 Sirloinspieß mit Wokgemüse und Reisnudeln 250 g Sirloinsteak in lange, dünne Streifen schneiden. Mit 1 EL Sojasauce, der fein abgeriebenen Schale von 1 unbehandelten Limette und 2 TL Sesamöl in einer Schüssel mischen. Etwa 10 Minuten marinieren lassen, dann die Fleischstreifen auf 4 Metallspieße stecken. In einer Pfanne 2 EL Pflanzenöl erhitzen und die Spieße bei mittlerer Temperatur unter Wenden in 4–5 Minuten garen. Auf einen Teller legen und mit Alufolie abgedeckt warm halten. In der Zwischenzeit die Pfanne wieder auf den Herd stellen, gegebenfalls weiteres Öl hinzufügen und unter Rühren 1 zerdrückte Knoblauchzehe, 1 TL fein geriebenen Ingwer, 1 entkernte und fein gehackte Chili, 150 g Zuckererbsen und 1 entkernte und in Streifen geschnittene rote Paprika bei großer Hitze 4–5 Minuten braten. 300 g Wok-Reisnudeln mit 1 EL Sojasauce, 1 TL Sesamöl und 1 EL Limettensaft zugeben, unterrühren und erhitzen. Das Wokgemüse auf Tellern anrichten, Fleischspieße und Bratensäfte daraufgeben und mit gehackten Korianderblättern und Erdnüssen garnieren.

30 Anti-Erkältungssuppe

Für 4 Personen

1,2 l Gemüsebrühe
1 Lorbeerblatt
500 g Hähnchenschenkel, entbeint, ohne Haut
25 g Butter
1 Selleriestange, klein geschnitten
2 Porreestangen, klein geschnitten
2 Karotten, in dünne Scheiben geschnitten
125 g Champignons, in Scheiben geschnitten
1 Knoblauchzehe, gehackt
75 g Mais aus der Dose
75 g Engelshaarnudeln
Salz und frisch gemahlener Pfeffer
1 Handvoll gehackte Petersilienblätter zum Garnieren

- Brühe und Lorbeerblatt mit dem Fleisch in einen Topf geben und aufkochen. Mit halb aufgelegtem Deckel 20 Minuten köcheln lassen, bis das Fleisch gar ist. Das Fleisch herausnehmen und leicht abkühlen lassen.
- In der Zwischenzeit in einem großen Topf 25 g Butter zerlassen und Sellerie, Porree und Karotten in 7–8 Minuten darin weich dünsten. Pilze und Knoblauch zugeben und weitere 3–4 Minuten dünsten.
- Brühe und Mais hinzufügen und erneut aufkochen lassen. Würzen, die Nudeln zugeben und in 3–4 Minuten al dente garen.
- Das Fleisch zerkleinern und ebenfalls in den Topf geben. Die Suppe in tiefen Tellern anrichten und mit Petersilie und frisch gemahlenem Pfeffer bestreuen.

---

10 Hühnerbrühe mit Nudeln und Pilzen In einem Topf 1 l Hühnerbrühe mit 2 TL frisch geriebenem Ingwer, 1 klein geschnittenen Knoblauchzehe, 1 entkernten, klein geschnittenen roten Chili, 75 g Mais aus der Dose, 125 g in Scheiben geschnittenen braunen Champignons und 1 EL Sojasauce erhitzen. 7–8 Minuten köcheln lassen, dann 250 g zerkleinerte, gegarte Hähnchenbrust zugeben. In der Zwischenzeit 200 g asiatische Eiernudeln nach Packungsanleitung garen. Die Nudeln in 4 Suppentellern anrichten, die Brühe darübergießen und sofort servieren.

20 Hähnchen-Mais-Eintopf In einem großen Topf 50 g Butter zerlassen und 2 klein geschnittene Porree- und 1 klein geschnittene Selleriestange sowie 1 gehackte Knoblauchzehe in 3–4 Minuten darin fast weich dünsten. In einem zweiten Topf 1 l Milch mit 1 TL gehacktem Thymian, 2 Nelken und 1 Lorbeerblatt bis zum Siedepunkt erhitzen. In der Zwischenzeit 400 g geschälte und fein gewürfelte Kartoffeln mit 200 g klein geschnittenen Pilzen zum Gemüse geben. 1 EL Mehl einrühren, gut würzen und 1 Minute unter Rühren erhitzen. Die heiße Milch zugießen und 8–10 Minuten köcheln lassen, bis alles gar ist. 350 g gegarte und gewürfelte Hähnchenbrust und 150 g Mais aus der Dose einrühren und 2–3 Minuten köcheln lassen. 75 g geriebenen Cheddar einrühren und gut abschmecken. In 4 tiefen Tellern anrichten und mit knusprigem Brot servieren.

10 Makrelensalat mit Orange und Avocado

Für 4 Personen

4 geräucherte Pfeffermakrelen ohne Haut
2 kleine Orangen
2 EL Avocadoöl
175 g Rucola und Brunnenkresse
2 Avocados, geschält, entsteint und in Scheiben geschnitten
50 g Walnusshälften
Salz und frisch gemahlener Pfeffer

- Die Makrelenfilets in kleine Stücke teilen.
- Mit einem scharfen Messer von den Orangen jeweils oben und unten eine Scheibe abschneiden. Schälen und dabei die weiße Haut mit entfernen, dann das Fruchtfleisch aus den Membranen lösen und in kleine Stücke schneiden. Den ausgetretenen Saft in einer Schüssel auffangen.
- 3 EL vom Orangensaft mit Avocadoöl, Salz und Pfeffer verrühren.
- Rucola, Brunnenkresse und Makrelenstücke vorsichtig vermischen, Orangen und Avocados unterheben. Auf 4 Tellern anrichten und mit Walnüssen bestreuen. Mit dem Dressing beträufeln.

20 **Grillmakrele mit Orangen-Avocado-Salsa** Den Backofengrill auf mittlerer Stufe vorheizen. 8 kleine, grätenfreie Makrelenfilets mit 1 EL Olivenöl bestreichen und mit Salz und frisch gemahlenem Pfeffer würzen. Mit der Hautseite nach oben auf einen mit Alufolie belegten Grillrost legen und unter dem Grill 4–5 Minuten garen. Vorsichtig wenden und weitere 1–2 Minuten grillen, bis das Fleisch eine weiße Farbe angenommen hat. In Folie einschlagen und ruhen lassen. In der Zwischenzeit 2 kleine Orangen schälen, das Fruchtfleisch von der Haut lösen und in kleine Stücke teilen, dabei den Saft auffangen. Das Fruchtfleisch mit 2 kleinen geschälten, entsteinten und gewürfelten Avocados in eine Schüssel geben. 2 EL Avocadoöl, 2 EL des aufgefangenen Orangensafts und 1 TL Rotweinessig darüberträufeln. 1 TL gehackten Dill sowie Salz und Pfeffer zugeben, vorsichtig vermengen und mit der gegrillten Makrele servieren. Dazu einen Rucola-Brunnenkresse-Salat reichen.

30 **Orangenmakrele aus dem Ofen** Den Backofen auf 200 °C vorheizen. Die fein abgeriebene Schale von 1 unbehandelten Orange mit 1 EL Orangensaft, 2 EL Avocadoöl, 1 EL körnigem Senf, 1 TL flüssigem Honig, 2 EL gehackten Petersilienblättern und 1 TL gehacktem Dill in eine Schüssel geben. Mit Salz und frisch gemahlenem Pfeffer würzen und alles gut mischen. 4 ganze geschuppte und ausgenommene kleine Makrelen jeweils 3–4-mal einschneiden und die Fische nebeneinander in eine Auflaufform legen. Die vorbereitete Marinade in die Einschnitte geben und die Fische damit bestreichen. Im Backofen 20–22 Minuten backen. Dazu gekochte kleine Kartoffeln und einen Avocado-Rucola-Salat servieren.

10 Lamm mit Grünkohl und Tomatensalsa

Für 4 Personen

1 TL getrockneter Oregano
2 EL Olivenöl
fein abgeriebene Schale von 1 unbehandelten Zitrone
4 Lammsteaks
250 g Grünkohlblätter, grob zerkleinert
Salz und frisch gemahlener Pfeffer

Für die Salsa

300 g reife Tomaten
½ kleine rote Zwiebel
1 große rote Chili
1 Prise Zucker
2 TL Zitronensaft
1 EL Olivenöl
2 EL gehackte Petersilienblätter

- Den Backofengrill auf mittlerer Stufe vorheizen. Oregano, Olivenöl und Zitronenschale mit 1 Prise Salz und Pfeffer verrühren und die Lammsteaks damit bestreichen. Auf einen mit Alufolie bedeckten Grillrost legen und unter dem Grill 6–8 Minuten garen. Dabei einmal wenden.
- In der Zwischenzeit den Grünkohl in kochendem Salzwasser in 5–6 Minuten weich garen.
- Für die Salsa die Tomaten entkernen und würfeln. Zwiebeln und entkernte Chili fein hacken. Die Zutaten in einer Schüssel vermengen und nach Geschmack würzen.
- Den Grünkohl auf Tellern anrichten, das Lamm darauflegen und mit der Salsa servieren.

---

20 Lamm-Tomaten-Spieß Den Backofengrill auf mittlerer Stufe vorheizen. 400 g gewürfeltes Lammfleisch in eine große Schüssel legen. ½ TL Chiliflocken, 1 TL getrockneten Oregano, 2 EL Olivenöl, 1 TL Zitronensaft sowie je 1 Prise Salz und Pfeffer zugeben. 250 g rote Kirschtomaten und 1 in mundgerechte Stücke geschnittene rote Zwiebel hinzufügen und alles gut mischen. Lamm, Tomaten und Zwiebeln auf 4 Metallspieße stecken und unter dem Grill 8–12 Minuten braten, dabei einmal wenden. In der Zwischenzeit 250 g grob zerkleinerte Grünkohlblätter 5–6 Minuten weich garen, abschmecken und zu den Spießen reichen.

30 Orecchiette mit Lamm und Tomaten In einer großen Pfanne 2 EL Olivenöl erhitzen und 1 gehackte Zwiebel und 2 gehackte Knoblauchzehen sowie 1 entkernte, gehackte rote Chili unter Rühren in 6–7 Minuten dünsten. Bei höherer Temperatur 400 g Lammhack in 3–4 Minuten unter Rühren darin braun braten. 500 g Passata (passierte Tomaten) aus dem Glas, 1 EL Tomatenmark, die fein abgeriebene Schale von 1 unbehandelten Zitrone, 1 TL getrockneten Oregano, 1 Prise Zucker und reichlich Salz und frisch gemahlenen Pfeffer zugeben. Aufkochen und knapp bedeckt 15 Minuten köcheln lassen. 7–8 Minuten vor Ende der Garzeit 100 g zerkleinerte Grünkohlblätter unterrühren. In der Zwischenzeit 400 g Orecchiette nach Packungsanleitung in kochendem Salzwasser al dente garen. Abgießen und die Nudeln zum Lamm servieren.

20 Lachs mit asiatischer Nudelsuppe

Für 2 Personen

2 TL Erdnussöl
2 Lachsfilets mit Haut, ohne Gräten
500 ml Hühnerbrühe
1 EL Limettensaft
2 TL Fischsauce
1 EL Sojasauce
1 EL frisch geriebener Ingwer
1 kleine rote Chili, entkernt und in dünne Scheiben geschnitten
2 Köpfe Pak Choi, längs halbiert
150 g asiatische Eiernudeln
1 EL gehackte Korianderblätter zum Garnieren

- In einer großen Pfanne 2 TL Erdnussöl bei mittlerer Temperatur erhitzen und die Lachsfilets mit der Hautseite nach unten 3–5 Minuten darin braten, bis die Haut knusprig ist. Vorsichtig wenden und 1 weitere Minute braten. Auf einem Teller warm halten.
- Die Brühe in einen Topf gießen, Limettensaft, Fischsauce, Sojasauce und Ingwer zugeben und aufkochen lassen. 3–4 Minuten köcheln, dann Chili und Pak Choi zugeben und in weiteren 3–4 Minuten weich garen.
- In der Zwischenzeit die Nudeln in kochendem Wasser nach Packungsanleitung al dente kochen. Abgießen und in 2 tiefen Tellern anrichten.
- Die Teller mit heißer Brühe auffüllen und jeweils 1 Lachsfilet daraufsetzen. Mit Koriander garnieren und sofort servieren.

---

10 Lachs mit Gemüsenudeln aus dem Wok In einer großen Pfanne 2 TL Erdnussöl erhitzen und 2 Lachsfilets mit der Hautseite nach unten 3–5 Minuten darin braten, bis die Haut knusprig ist. Vorsichtig wenden und 1 weitere Minute braten. In der Zwischenzeit 250 g asiatische Eiernudeln nach Packungsanleitung garen. In einem großen Wok 1 EL Pflanzenöl bei mittlerer Temperatur erhitzen und 2 gehackte Knoblauchzehen, 2 TL fein geriebenen Ingwer, 2 in Scheiben geschnittene Frühlingszwiebeln und 1 entkernte und klein geschnittene rote Chili unter Rühren darin etwa 2–3 Minuten braten. 1 große Handvoll Bohnensprossen 1–2 Minuten mitdünsten. Die Nudeln in den Wok geben und 1 EL Limettensaft, 1 EL Sojasauce und 1 TL Sesam hinzufügen. Das Ganze gut vermischen und in tiefen Tellern anrichten. Den Lachs auf die Nudeln legen und mit gehackten Korianderblättern garnieren. Sofort servieren.

30 Lachs mit Chili und Ingwer Den Backofen auf mittlerer Stufe vorheizen. 2 Lachsfilets auf ein großes Stück Alufolie legen, mit 1 EL Limettensaft, 2 TL Fischsauce, 1 EL Sojasauce, 1 EL frisch geriebenem Ingwer und 1 kleinen fein gehackten roten Chili beträufeln und belegen. Die Folie zu Päckchen zusammenschlagen und den Lachs im Backofen 12–15 Minuten garen. In der Zwischenzeit 1 Kopf Pak Choi putzen. Die Stiele in 2 cm breite Streifen schneiden, die Blätter grob zerkleinern. Die Stiele in 1 EL Sesamöl 7–8 Minuten anbraten, dann die Blätter zugeben und weitere 2–3 Minuten köcheln. 4 EL Teriyakisauce einrühren. Lachs mit Pak Choi und Reis servieren.

30 Rosenkohl auf chinesische Art

Für 2 Personen

300 g Rosenkohl
1 EL Pflanzenöl
1 Knoblauchzehe, zerdrückt
2 TL frisch geriebener Ingwer
2 EL milde Sojasauce
1 TL Sesamöl
1 ½ EL flüssiger Honig
2 EL Orangensaft
1 Sternanis
1 große Handvoll Bohnensprossen
1 EL gerösteter Sesam zum Garnieren

- Den Backofen auf 200 °C vorheizen. Den Rosenkohl putzen, dabei große Exemplare halbieren. In eine Bratform legen und mit 1 EL Pflanzenöl mischen. Im Backofen 20–25 Minuten backen, bis er gar und gebräunt ist.
- In der Zwischenzeit Knoblauch, Ingwer, Sojasauce, Sesamöl, Honig, Orangensaft und Sternanis in einen kleinen Topf geben und bei mittlerer Hitze erwärmen. 4–5 Minuten köcheln, ab und zu umrühren. Beiseitestellen und warm halten.
- Den Rosenkohl in eine Servierschüssel geben, Bohnensprossen und warme Sauce zugeben und gut vermischen. Mit geröstetem Sesam bestreuen und servieren.

---

10 Kohlsalat mit Ingwerdressing 200 g dünne Reisnudeln in kochendem Wasser einweichen. 200 g geputzten Rosenkohl vierteln (durch den Stängelansatz schneiden). ¼ Kopf Chinakohl in dünne Streifen schneiden. 2 EL Sesamöl in einer Pfanne erhitzen und beide Kohlsorten unter Rühren bei mittlerer Hitze darin 3–4 Minuten braten. In der Zwischenzeit 1 TL frisch geriebenen Ingwer mit 1 EL Orangensaft, 2 TL flüssigem Honig, 2 EL Sojasauce und 2 TL Sesamöl verrühren. Die Nudeln abgießen, mit Rosen- und Chinakohl vermengen. 2 TL gerösteten Sesam und das Dressing unterziehen. In Schalen angerichtet sofort servieren.

20 Kohlgemüse mit Ingwer aus dem Wok 2 EL Sojasauce mit 3 EL frisch gepresstem Orangensaft, 2 TL Sesamöl und 1 TL Fünf-Gewürze-Pulver in eine Schüssel geben. 250 g geputzten Rosenkohl vierteln (durch den Stängelansatz schneiden). In einem großen Wok 1 EL Pflanzenöl erhitzen und bei mittlerer Temperatur 2 klein geschnittene Knoblauchzehen, 1 EL frisch geriebenen Ingwer und 1 entkernte, klein geschnittene rote Chili darin unter Rühren 30 Sekunden braten. Den Rosenkohl hinzufügen und unter Rühren 3–4 Minuten garen, bis er leicht Farbe angenommen hat. ¼ Kopf Chinakohl in dünne Streifen schneiden und 2 Minuten mitbraten (er sollte noch Biss haben). Bei schwacher Hitze die vorbereitete Sauce einrühren. Die Mischung in tiefen Tellern anrichten und mit geröstetem Sesam zu Reis servieren.

10 Schellfisch mit Spiegelei

Für 4 Personen

600 ml Milch
1 Lorbeerblatt
1 kleiner Thymianzweig
1 Prise Salz
¼ TL zerstoßene gemischte Pfefferkörner zzgl. etwas zum Garnieren
4 geräucherte Schellfischfilets
2 EL Olivenöl
4 Eier

- Die Milch in eine hochwandige Pfanne gießen. Lorbeerblatt, Thymian, Salz und Pfefferkörner zugeben und zum Köcheln bringen.
- Die Fischfilets in die Pfanne legen und in etwa 5–6 Minuten sanft gar köcheln, bis das Fleisch eine weiße Färbung hat.
- In der Zwischenzeit in einer großen Pfanne 2 EL Olivenöl erhitzen und die Spiegeleier darin etwa 3 Minuten braten.
- Den pochierten Schellfisch auf 4 Tellern anrichten und mit je einem Spiegelei belegen. Mit Pfeffer bestreuen und mit Kartoffelpüree servieren.

---

20 Schellfischfilet mit pochiertem Ei und Kartoffelpüree 700 g geschälte und gewürfelte mehlig kochende Kartoffeln in Salzwasser 12–15 Minuten kochen. 4 entgrätete Schellfischfilets salzen und pfeffern. In Mehl wenden. In einer Pfanne 2 EL Pflanzenöl erhitzen und den Fisch darin 6–8 Minuten braten, dabei einmal wenden. In der Zwischenzeit in einem Topf Wasser zum Kochen bringen. Das Wasser umrühren, bis ein Strudel entsteht, dann 1 Ei in die Mitte des Strudels aufschlagen. 3 Minuten pochieren, mit einem Schaumlöffel herausnehmen und auf Küchenpapier abtropfen lassen. Die restlichen 3 Eier ebenso pochieren. Die Kartoffeln abgießen, wieder in den Topf geben und mit 50 g Butter, 3 EL Milch sowie Salz und frisch gemahlenem Pfeffer glatt pürieren. Das Kartoffelpüree zu Fisch und Eiern servieren.

30 Schellfisch mit Thymiankartoffeln und pochierten Eiern Den Backofen auf 220 °C vorheizen. 500 g kleine Kartoffeln halbieren. In eine Bratform legen und 1 ½ EL Olivenöl, 1 TL getrockneten Thymian, 2 ungeschälte Knoblauchzehen und reichlich Salz und frisch gemahlenen Pfeffer zugeben. Gut vermengen, dann im Backofen 20–25 Minuten backen, bis die Kartoffeln gar und knusprig sind. Mehrmals wenden. In der Zwischenzeit in einer großen Pfanne 1 EL Olivenöl erhitzen. 4 Schellfischfilets bei mittlerer Hitze mit der Hautseite nach unten 2–3 Minuten braten, bis die Haut kross ist. Mit ½ EL Olivenöl beträufeln und mit Pfeffer und etwas Salz bestreuen. 8–10 Minuten in den Ofen schieben. In der Zwischenzeit in einem Topf Wasser zum Kochen bringen. Das Wasser umrühren, bis ein Strudel entsteht, dann 1 Ei in die Mitte des Strudels aufschlagen. 3 Minuten pochieren, mit einem Schaumlöffel herausnehmen und auf Küchenpapier abtropfen lassen. Mit den restlichen 3 Eiern ebenso verfahren. Die Eier mit Bratkartoffeln und Schellfisch servieren.

30 Kichererbsen-Kürbis-Schmortopf

Für 4 Personen

450 g Butternut-Kürbis
3 EL Olivenöl
1 rote Zwiebel, fein gehackt
2 Knoblauchzehen, fein gehackt
1 EL frisch geriebener Ingwer
2 TL Ras el-Hanout (marokkanische Gewürzmischung)
1 Zucchini, in Scheiben geschnitten
1 Dose Kichererbsen (400 g), abgespült und abgetropft
1 Dose gehackte Tomaten (400 g)
2 TL Honig
125 ml Gemüsebrühe
Salz und frisch gemahlener Pfeffer
1 EL gehackte Korianderblätter
1 EL Mandelblätter zum Garnieren

- Den Backofen auf 220 °C vorheizen. Den Kürbis schälen und in Stücke schneiden. In eine Bratform legen, 1 EL Olivenöl darüberträufeln und gut mit Salz und Pfeffer würzen. Im Backofen etwa 20–25 Minuten backen, ab und zu wenden.
- In der Zwischenzeit in einem großen Schmortopf 2 EL Olivenöl erhitzen und Zwiebeln, Knoblauch und Ingwer bei mittlerer Hitze 5–6 Minuten darin braten. Ras el-Hanout und Zucchini zugeben und 1 Minute einrühren, dann Kichererbsen, gehackte Tomaten, Honig und Brühe hinzufügen. Gut vermischen und 15–18 Minuten köcheln lassen, bis das Ganze eine sämige Konsistenz hat.
- Den Kürbis mit in den Schmortopf geben und unterrühren. Mit Koriander und Mandeln bestreuen und sofort servieren.

---

10 Kichererbsentopf mit eingelegter Zitrone

In einer großen Pfanne 2 EL Olivenöl erhitzen und 1 gehackte rote Zwiebel, 2 gehackte Knoblauchzehen und 2 TL fein geriebenen Ingwer in 5–6 Minuten darin weich dünsten. 2 TL Ras el-Hanout (marokkanische Gewürzmischung) mit ½ TL edelsüßem Paprikapulver einrühren und 1 Dose abgespülte, abgetropfte Kichererbsen (400 g) untermengen. 1 Minute erwärmen, dann 3 gewürfelte reife Tomaten, ½ gewürfelte eingelegte Zitrone und 2 EL gehackte Petersilienblätter 2 Minuten unterrühren, bis die Tomaten etwas zerkocht sind. Sofort mit Couscous servieren.

---

20 Gemüse-Kichererbsen-Schmortopf

In einem Topf 2 EL Olivenöl erhitzen und 1 gehackte rote Zwiebel, 2 gehackte Knoblauchzehen und 2 TL fein geriebenen Ingwer in 5–6 Minuten darin weich dünsten. 2 TL Ras el-Hanout (marokkanische Gewürzmischung), ½ TL Kurkuma und 1 TL edelsüßes Paprikapulver einrühren. 1 Minute köcheln lassen, dann 2 gewürfelte Zucchini, 250 g Blumenkohlröschen, 50 g gehackte getrocknete Aprikosen, 1 Dose gehackte Tomaten (400 g), 100 ml Gemüsebrühe und 1 Dose abgespülte und abgetropfte Kichererbsen (400 g) untermengen. Würzen und 10–12 Minuten garen.

10 Muschel-Porree-Carbonara

Für 4 Personen

2 EL Olivenöl
200 g durchwachsener Speck in Scheiben, gewürfelt
1 Knoblauchzehe, gehackt
2 Porreestangen, längs halbiert, in dünne Scheiben geschnitten
300 g gegartes Muschelfleisch
700 g Spaghetti
2 Eier
150 g Sahne
frisch gemahlener Pfeffer

- In einer großen Pfanne 2 EL Olivenöl erhitzen und den Speck bei mittlerer Hitze in 2–3 Minuten darin goldbraun braten. Bei leicht reduzierter Temperatur Knoblauch und Porree zugeben und 4–5 Minuten dünsten, dabei gelegentlich umrühren. Die letzten beiden Minuten das Muschelfleisch hinzufügen und gut erhitzen.
- In der Zwischenzeit die Spaghetti in reichlich kochendem Salzwasser nach Packungsanleitung garen.
- Eier und Sahne mit reichlich schwarzem Pfeffer in einer Schüssel verrühren.
- Die Nudeln abgießen und mit der Muschelmischung und der Eiersahne vermengen. In tiefen Tellern anrichten und sofort servieren.

20 Kartoffelgratin mit Porree und Muscheln

Den Backofengrill auf mittlerer Stufe vorheizen. 500 g geschälte Kartoffeln in dünne Scheiben schneiden. In leicht gesalzenem Wasser 8–10 Minuten kochen. In der Zwischenzeit in einer Pfanne 2 EL Olivenöl erhitzen und 200 g gewürfelten durchwachsenen Speck darin braten. 1 gehackte Knoblauchzehe und 2 in dünne Scheiben geschnittene Porreestangen hinzufügen und 4–5 Minuten dünsten. 300 g gegartes Muschelfleisch in die Pfanne geben und gut erhitzen. Mit 150 g Sahne verrühren. 150 g Emmentaler reiben. Die Kartoffeln abgießen und mit der Sauce und der Hälfte des Käses vermengen. In eine Auflaufform füllen, mit dem Rest des Käses bestreuen und unter dem Grill 4–5 Minuten backen.

30 Muschelrisotto mit Porree und Fenchel

In einem großen Topf 2 EL Olivenöl erhitzen. 150 g gewürfelten Speck 2–3 Minuten darin braten, die Hitze leicht reduzieren und 1 kleine, fein gehackte Fenchelknolle und 2 in feine Scheiben geschnittene Porreestangen darin 4–5 Minuten dünsten. 350 g Risottoreis 1 Minute lang einrühren, bis die Reiskörner gleichmäßig mit Fett überzogen sind, dann 125 ml trocknenen Weißwein zugießen und kurz köcheln lassen. So lange rühren, bis der Wein verkocht ist. 1,2 l kochende Gemüsebrühe unter ständigem Rühren schöpflöffelweise zugeben. Dabei erst weitere Brühe hinzufügen, wenn die Flüssigkeit vollständig verkocht ist. Ist der Reis nach ca. 17 Minuten al dente gekocht, 300 g gegartes Muschelfleisch und 3 EL Crème fraîche unterrühren. Den Topf vom Herd nehmen, abgedeckt 1–2 Minuten ruhen lassen und dann servieren.

20 Lamm-Spinat-Curry

Für 4 Personen

2 EL Pflanzenöl
400 g mageres Lammsteak oder -filet, in Streifen geschnitten
1 Zwiebel, in dicke Scheiben geschnitten
2 Knoblauchzehen, gehackt
2 TL frisch geriebener Ingwer
1 TL Kreuzkümmelsamen
1 große grüne Chili, entkernt und in dünne Scheiben geschnitten
2 EL Tikka-Currypaste (aus dem Asiahandel)
3 große reife Tomaten, grob gehackt
125 ml Gemüsebrühe
150 g Spinatblätter, grob gehackt
1 EL gehackte Korianderblätter zum Garnieren

- In einem Topf 1 EL Pflanzenöl bei hoher Temperatur erhitzen und das Lamm darin unter Rühren 2–3 Minuten scharf anbraten. Mit einem Schaumlöffel herausnehmen und auf einen Teller legen.
- In der Pfanne 1 weiteren EL Öl erhitzen und bei mittlerer Hitze Zwiebeln, Knoblauch, Ingwer, Kreuzkümmelsamen und Chili darin in 3–4 Minuten leicht Farbe annehmen lassen. Die Currypaste 1 Minute lang einrühren.
- Tomaten und Brühe hinzufügen und 5–6 Minuten köcheln lassen, bis die Sauce ein wenig eingedickt ist. Den Spinat einrühren und weitere 1–2 Minuten kochen, bis die Blätter zerfallen sind.
- Das Lamm wieder in den Topf geben und noch einmal erhitzen. Mit Koriander bestreuen und zu frischem Fladenbrot servieren.

---

10 Curry-Lammsteak Den Backofengrill auf mittlerer Stufe vorheizen. 4 Lammsteaks mit 2 EL Tandoori-Currypaste (aus dem Asiahandel) bestreichen. Auf einen mit Alufolie bedeckten Grillrost legen und unter dem Grill 6–8 Minuten garen, dabei einmal wenden. Mit Folie abgedeckt 1–2 Minuten ruhen lassen. Dazu braunen Basmatireis oder Chapati (indisches Fladenbrot) und Tomaten-Zwiebel-Salat reichen.

30 Lamm-Kartoffel-Madras In einem großen Topf 2 EL Pflanzenöl erhitzen und 400 g gewürfeltes mageres Lammsteak in 2–3 Minuten darin braun anbraten. Das Fleisch mit einem Schaumlöffel aus dem Topf nehmen und auf einem Teller beiseitestellen. 1 in dicke Scheiben geschnittene Zwiebel, 2 gehackte Knoblauchzehen, 2 TL frisch geriebenen Ingwer, 1 TL Kreuzkümmel und 1 entkernte und in dünne Scheiben geschnittene grüne Chili in den Topf geben und in 3–4 Minuten leicht bräunen. 2 EL Madras-Curry (südindische Currymischung) und 400 g gewürfelte Kartoffeln hinzufügen und 1 Minute andünsten. Dann 1 Dose gehackte Tomaten (400 g) und 200 ml Gemüsebrühe zugeben und 15–18 Minuten köcheln lassen, bis die Kartoffeln weich sind. Die letzten 2–3 Minuten 150 g gehackte Spinatblätter miterhitzen.

10 Blumenkohlpilaw mit Rosinen

Für 4 Personen

25 g Rosinen
400 g kleine Blumenkohlröschen
2 EL Pflanzenöl
2 Knoblauchzehen, zerdrückt
2 Frühlingszwiebeln, in dünne Scheiben geschnitten
1 ½ EL mittelscharfe Currypaste
500 g gegarter Basmatireis
1 EL gehackte Korianderblätter zum Garnieren

- Die Rosinen in eine Schüssel legen, mit 2 EL kochendem Wasser übergießen und weich werden lassen.
- Den Blumenkohl in siedendem Wasser in 4–5 Minuten knapp gar kochen.
- In der Zwischenzeit in einem großen Topf 2 EL Pflanzenöl erhitzen und Knoblauch und Frühlingszwiebeln bei mittlerer Hitze in 1 Minute darin weich dünsten. Die Currypaste 1 Minute lang einrühren, dann den Reis und die Rosinen mit dem Einweichwasser untermischen und zugedeckt 2–3 Minuten erhitzen.
- Den Blumenkohl abgießen und unter den Reis heben. Das Pilaw auf Tellern anrichten, mit Koriander garnieren und mit Fladenbrot servieren.

---

20 **Blumenkohl in Käsesauce** Den Backofengrill auf mittlerer Stufe vorheizen. 900 g große Blumenkohlröschen in reichlich kochendem Salzwasser 8–10 Minuten garen, abgießen und in eine große Auflaufform füllen. In der Zwischenzeit in einem großen Topf 50 g Butter erhitzen und 1 große gehackte Zwiebel, 2 gehackte Knoblauchzehen und 1 TL Kreuzkümmelsamen darin in 6–7 Minuten bei mittlerer Hitze weich dünsten, dabei gelegentlich umrühren. 1 TL gemahlenen Koriander, ½ TL Kurkuma und ¼ TL Cayennepfeffer etwa 1 Minute lang einrühren. 300 g Crème fraîche und 200 g geriebenen milden Käse, z. B. Gouda, einrühren, bis dieser geschmolzen ist. Abschmecken, dann die Sauce über den Blumenkohl gießen und mit 75 g geriebenem Käse bestreuen. Unter dem Grill in etwa 5–6 Minuten goldbraun backen.

---

30 **Blumenkohleintopf mit Kichererbsen** In einem Topf 2 EL Pflanzenöl erhitzen und 1 gehackte Zwiebel, 2 gehackte Knoblauchzehen und 1 TL Kreuzkümmelsamen bei mittlerer Hitze 6–7 Minuten darin dünsten. 2 EL mittelscharfe Currypaste 1 Minute einrühren. 600 g Blumenkohlröschen und 1 Dose abgespülte und abgetropfte Kichererbsen (400 g) unterrühren. 400 g Kirschtomaten halbieren und zusammen mit 200 ml Wasser in den Topf geben, würzen. Halb zugedeckt in 15–18 Minuten weich köcheln. Mit 1 EL gehackten Korianderblättern bestreuen und mit 1 Tupfer Naturjoghurt servieren.

20 Paprikabulgur mit Thunfisch

Für 4 Personen

750 ml Gemüsebrühe
300 g Bulgur
3 EL Olivenöl
4 Thunfischsteaks
1 Dose Kidneybohnen (400 g), abgespült und abgetropft
2 Frühlingszwiebeln, in feine Scheiben geschnitten
2 geröstete rote Paprika aus dem Glas, abgetropft und gewürfelt
1 kleiner Bund Korianderblätter, gehackt
2 EL Zitronensaft
Salz und frisch gemahlener Pfeffer

- Die Brühe in einen Topf gießen, zum Kochen bringen und den Bulgur einrühren. Offen bei mittlerer Hitze 7 Minuten köcheln lassen. Den Topf mit dem Deckel verschließen und den Bulgur weitere 6–7 Minuten quellen lassen, bis die Flüssigkeit vollständig aufgenommen ist und die Körner weich sind.
- In der Zwischenzeit eine Grillpfanne bei mittlerer Hitze auf den Herd stellen. Die Thunfischsteaks mit 1 EL Olivenöl einstreichen und mit Salz und Pfeffer würzen. Von jeder Seite 2–3 Minuten braten. Warm halten.
- Die restlichen Zutaten unter den Bulgur rühren, abschmecken und das Ganze mit geschlossenem Deckel 3–4 Minuten ruhen lassen. In tiefen Tellern anrichten und jeweils ein gegrilltes Thunfischsteak darauf arrangieren.

---

10 Thunfischtaboulé 500 g gegarte Quinoa in eine große Schüssel geben. 3 fein gehackte Frühlingszwiebeln, 1 entkernte und fein gehackte rote Paprika, 2 EL gehackte Petersilienblätter, 2 EL gehackte Minzblätter und 125 g halbierte Kirschtomaten zugeben. 2 Dosen Thunfisch in Öl (je 185 g) abtropfen lassen und den Thunfisch in die Schüssel füllen. Je 2 EL Zitronensaft und Olivenöl und reichlich Salz sowie frisch gemahlenen Pfeffer zugeben. Die Zutaten gut vermengen und sofort zu getoastetem Pittabrot servieren.

30 Kürbis mit Thunfisch und Bulgur Den Backofen auf 220 °C vorheizen. 500 g Butternut-Kürbis schälen und in 1,5 cm große Würfel schneiden. In eine Bratform legen, mit 2 EL Olivenöl beträufeln, 2 ungeschälte Knoblauchzehen und 1 rote Zwiebel in Scheiben zugeben und untermischen. Im Backofen 18–20 Minuten garen, bis der Kürbis weich ist. In der Zwischenzeit 750 ml Gemüsebrühe in einen Topf gießen, zum Kochen bringen und 300 g Bulgur einrühren. Offen 7 Minuten köcheln lassen. Den Topfdeckel aufsetzen und den Bulgur weitere 6–7 Minuten quellen lassen, bis die Flüssigkeit vollständig aufgenommen ist und die Körner weich sind. 4 Thunfischsteaks mit 1 EL Olivenöl einstreichen und mit Salz und frisch gemahlenem Pfeffer würzen. In einer Grillpfanne von jeder Seite 2–3 Minuten braten. Den fertig gegarten Bulgur mit dem Kürbis mischen und auf Tellern anrichten. Den Thunfisch darauflegen und mit Zitronenvierteln servieren.

30 Schweinegulasch mit Bohnen und Paprika

Für 4 Personen

2 EL Olivenöl
350 g Schweinefilet, in breite Streifen geschnitten
1 Zwiebel, in Scheiben geschnitten
1 rote Paprika, entkernt und gewürfelt
2 Knoblauchzehen, gehackt
1 EL Mehl
1 EL Pimentón de la Vera (geräuchertes Paprikapulver)
1 Dose gemischte Bohnen (400 g), abgespült und abgetropft
1 Dose gehackte Tomaten (400 g)
1 EL Tomatenmark
200 ml Gemüsebrühe
Salz und frisch gemahlener Pfeffer

- In einem großen Topf 1 EL Olivenöl erhitzen und das Schweinefleisch in 3–4 Minuten von allen Seiten darin scharf anbraten. Mit einem Schaumlöffel herausnehmen und auf einen Teller legen. Im Topf 1 weiteren EL Öl erhitzen und Zwiebeln, Paprika und Knoblauch in 5–6 Minuten darin weich dünsten.
- Die Hitze leicht reduzieren, dann Mehl und Paprikapulver 1 Minute lang einrühren. Bohnen, Tomaten, Tomatenmark und Brühe zugeben, würzen und 15–18 Minuten köcheln lassen, bis das Gulasch eingedickt ist. 3–4 Minuten vor Garende Fleisch und Bratensäfte wieder in den Topf geben und noch einmal erhitzen.
- Das Gulasch mit Wirsinggemüse servieren.

---

10 Bagel mit Bacon und Paprika Den Backofengrill auf mittlerer Stufe vorheizen. 4 Bagelbrötchen halbieren und von beiden Seiten toasten. In der Zwischenzeit 12 Scheiben geräucherten durchwachsenen Speck unter dem Grill 4–5 Minuten braten, dabei einmal wenden. 1 TL edelsüßes Paprikapulver in eine Schüssel geben und mit 1 EL Schnittlauchröllchen und 2 EL Mayonnaise verrühren. Die Bagelhälften damit bestreichen. Die unteren Hälften mit 1 kleinen Handvoll Rucolablättern und mit in Scheiben geschnittener gerösteter Paprika belegen. Den Speck hinzufügen und die oberen Bagelhälften aufsetzen.

20 Frittata mit Bohnen und Paprika Den Backofengrill auf mittlerer Stufe vorheizen. In einer großen, ofenfesten Pfanne 2 EL Olivenöl erhitzen und bei mittlerer Temperatur 150 g gewürfelten Pancetta (italienischen Bauchspeck) in 2–3 Minuten darin goldbraun braten. 3 abgetropfte, geröstete und klein geschnittene rote Paprika, 1 Dose abgespülte, abgetropfte gemischte Bohnen (400 g) und 50 g abgetropfte und klein geschnittene sonnengetrocknete Tomaten einrühren. Etwa 2–3 Minuten erhitzen, dann die Temperatur reduzieren. 4 große verquirlte Eier mit Salz, frisch gemahlenem Pfeffer und 1 EL Schnittlauchröllchen vermengen und über die Mischung gießen. 4–5 Minuten stocken lassen (nicht rühren), dann mit 150 g geriebenem Cheddar bestreuen. Unter dem Grill in 3–4 Minuten goldbraun backen. In Stücke geschnitten zu gedünstetem Wirsing servieren.

20 Sobanudeln süß-sauer mit Garnelen

Für 2 Personen

300 g geschälte rohe Riesengarnelen
175 g Sobanudeln (japanische Buchweizennudeln)
½ Salatgurke, in Stifte geschnitten
1–2 Frühlingszwiebeln, fein geschnitten
1 EL gehackte Korianderblätter
1 Handvoll geröstete Erdnüsse zum Garnieren

Für das Dressing

2 EL Limettensaft
1 TL Fischsauce
1 EL Zucker
2 EL süße Chilisauce

- In einem Topf etwas Salzwasser zum Kochen bringen und die entdarmten Garnelen in 3–5 Minuten darin garen, bis sie eine Rosafärbung angenommen haben. Unter fließend kaltem Wasser abkühlen und beiseitestellen.
- In einem großen Topf in reichlich Salzwasser die Nudeln nach Packungsanleitung weich garen. Abgießen, kalt abschrecken und abtropfen lassen.
- In der Zwischenzeit die Dressingzutaten verrühren. Der Zucker sollte sich vollständig aufgelöst haben. Die Hälfte des Dressings mit den Nudeln mischen, dann Garnelen, Gurke, Frühlingszwiebeln und Koriander unterheben.
- In tiefen Tellern anrichten und mit Erdnüssen bestreuen. Das restliche Dressing zum Beträufeln dazureichen.

---

10 Bratreis mit süß-sauren Garnelen In einem Wok 1 EL Sesamöl erhitzen und 1 klein geschnittene Knoblauchzehe, 2 TL frisch geriebenen Ingwer und 1 klein geschnittene rote Chili darin 2 Minuten braten. 1 Ei mit 2 EL Sojasauce verrühren und hinzufügen, 1–2 Minuten unter gelegentlichem Rühren braten. 50 g Erbsen und 50 g Mais aus der Dose sowie 250 g gegarten Basmatireis 3–4 Minuten darin mitbraten. 2 EL Limettensaft, 1 TL Fischsauce, 1 EL Zucker und 2 EL süße Chilisauce in einen Topf geben, erhitzen und gut verrühren. 200 g gegarte und geschälte Garnelen hinzufügen und warm werden lassen. Den Reis auf 2 Tellern anrichten und die Garnelen mit Sauce darauf verteilen.

30 Pfannengerührtes mit Reis und Garnelen 100 g Basmatireis nach Packungsanleitung garen. 2 Minuten vor Garende 50 g Erbsen und 50 g Mais aus der Dose hinzufügen. In der Zwischenzeit 1 großes Ei mit 2 EL Sojasauce verquirlen. In einem großen Wok 2 EL Sesamöl erhitzen und 1 in Scheiben geschnittene Knoblauchzehe, 2 TL frisch geriebenen Ingwer und 1 entkernte, klein geschnittene rote Chili bei mittlerer Hitze 1–2 Minuten darin braten. 200 g geschälte rohe Riesengarnelen unter Rühren in 2–3 Minuten rosafarben braten. Die Eimischung zugießen und 1–2 Minuten einrühren, dann Reis und Gemüse unterheben und weitere 2–3 Minuten erhitzen. Anrichten und mit 200 g warmer süß-saurer Sauce aus dem Glas servieren.

30 Tajine mit Rotkohl und Rote Bete

Für 4–6 Personen

2 EL Olivenöl
1 rote Zwiebel, in Scheiben geschnitten
2 Knoblauchzehen, fein gehackt
1 kleiner Rotkohl, fein gehobelt
500 g rohe Rote Bete, geschält und in 1 cm große Würfel geschnitten
1 kleine Zimtstange
1 gute Prise Safran
1 TL Kreuzkümmelsamen
400 ml Gemüsebrühe
50 g grüne Oliven
½ kleine eingelegte Zitrone, gehackt
Salz und frisch gemahlener Pfeffer
2 EL gehackte Petersilienblätter zum Garnieren

- In einem großen Bräter 2 EL Olivenöl erhitzen und Zwiebeln und Knoblauch bei mittlerer Hitze in 6–7 Minuten darin weich dünsten. Rotkohl, Rote Bete, Gewürze sowie Salz und Pfeffer zugeben und das Ganze weitere 1–2 Minuten dünsten.
- Die Brühe zugießen und zugedeckt bei mittlerer Hitze 15–20 Minuten köcheln lassen, bis das Gemüse weich ist. 10 Minuten vor Ende der Garzeit Oliven und Zitrone einrühren.
- Die Tajine mit gehackten Kräutern bestreuen und mit Couscous oder Bulgur servieren.

---

10 **Rotkohl-Rote-Bete-Salat** ½ kleinen Rotkohl mit dem Gemüsehobel in Streifen schneiden, mit 300 g roher, geschälter und grob geriebener Rote Bete und 1 geschälten und geriebenem Apfel in eine Schüssel geben. In einer zweiten Schüssel 2 TL Zitronensaft mit 3 EL Olivenöl, 1 TL gerösteten Kreuzkümmelsamen, 1 Prise gemahlenem Zimt und je 1 Prise Salz und frisch gemahlenem Pfeffer verrühren. Das Dressing mit den Salatzutaten mischen. Mit 2 EL gehackten Petersilienblättern bestreuen und servieren.

20 **Rotkohl-Rote-Bete-Schmortopf** In einem großen Topf 2 EL Olivenöl erhitzen und 1 in feine Scheiben geschnittene rote Zwiebel und 2 gehackte Knoblauchzehen in 5–6 Minuten darin weich dünsten. 1 TL Kreuzkümmelsamen, 1 TL edelsüßes Paprikapulver und ½ TL frisch geriebenen Ingwer 1 Minute lang einrühren. 1 kleinen, fein gehobelten Rotkohl, 400 g rohe, geschälte und grob geriebene Rote Bete, 1 geschälten und grob geriebenen Apfel und 50 g entsteinte, gehackte Datteln unterrühren. 400 ml Gemüsebrühe und 2 TL Zitronensaft hinzufügen. 10–12 Minuten köcheln lassen, dabei gelegentlich umrühren. Abschmecken und als Beilage oder zu Couscous servieren.

20 Zitronenhähnchen aus dem Wok

Für 2 Personen

1 EL Erdnussöl
250 g Hähnchenbrust, ohne Haut, in Streifen geschnitten
125 g Brokkoliröschen
1 kleine rote Paprika, entkernt und grob gehackt
2 Frühlingszwiebeln, in 1 cm breite Streifen geschnitten
50 g ungesalzene Cashewkerne
1 EL Speisestärke
125 ml kaltes Wasser
2 EL Zitronensaft
1 ½ EL Honig
2 EL Sojasauce

- In einem großen Wok 1 EL Erdnussöl erhitzen und das Fleisch bei mittlerer Hitze in 3–4 Minuten darin goldbraun braten. Mit einem Schaumlöffel herausnehmen und beiseitestellen.
- Brokkoli, Paprika und Frühlingszwiebeln in den Wok geben und in 3–4 Minuten unter Rühren weich braten.
- In der Zwischenzeit die Cashewkerne in einem kleinen Topf bei mittlerer Temperatur in 3–4 Minuten ohne Fett goldgelb rösten. Den Topf vom Herd nehmen.
- Die Speisestärke mit 1 EL Wasser glatt rühren, dann mit dem restlichen Wasser, Zitronensaft, Honig und Sojasauce verrühren. Mit den Nüssen zum Gemüse geben. Bei schwacher Hitze das Fleisch wieder zugeben. 2–3 Minuten köcheln lassen, bis das Fleisch gar und die Sauce sämig ist. Sofort mit Reis oder Nudeln servieren.

---

10 Hähnchenschnitzel mit Zitrone Die fein abgeriebene Schale von 1 unbehandelten Zitrone mit 75 g Semmelbröseln mischen. In eine zweite Schüssel 50 g Mehl, in eine dritte Schüssel 1 verquirltes Ei geben. 250 g kleine Hähnchenschnitzel erst im Mehl wenden, dann durch das Ei ziehen und zum Schluss in den Semmelbröseln wenden. In einer Pfanne 2 EL Pflanzenöl erhitzen und die Schnitzel darin in 7–8 Minuten goldbraun braten. In der Zwischenzeit 50 g ungesalzene Cashewkerne bei mittlerer Temperatur in 3–4 Minuten ohne Fett goldgelb rösten. 1 Frühlingszwiebel in feine Scheiben schneiden. Die Nüsse und Frühlingszwiebeln über die Schnitzel streuen und servieren.

30 Hähnchen mit Gemüse aus dem Ofen

Den Backofen auf 200 °C vorheizen. 2 gewürfelte Hähnchenbrüste mit Salz und frisch gemahlenem Pfeffer würzen, in eine Schüssel geben und mit 2 TL Erdnussöl und 1 TL Sesamöl mischen. 1 entkernte und grob gehackte rote Paprika, ½ klein geschnittene Zwiebel und 1 EL frisch geriebenen Ingwer unterrühren. In eine große Bratform legen und im Backofen 10 Minuten unter Wenden backen. In der Zwischenzeit 1 EL Speisestärke mit 1 EL Wasser glatt rühren, dann mit 3 weiteren EL Wasser, 2 EL Zitronensaft, 1 ½ EL Honig und 2 EL Sojasauce verrühren. 50 g ungesalzene Cashewkerne in einem kleinen Topf bei mittlerer Temperatur in 3–4 Minuten ohne Fett goldgelb rösten. Die Nüsse unter die Sauce mischen. 125 g Brokkoliröschen in die Form geben, mit der Sauce übergießen und weitere 5 Minuten garen. Dazu Reis oder Nudeln servieren.

30 Lachs-Linsen-Bratlinge

Für 4 Personen

400 g gegartes Lachsfilet
1 Dose grüne Linsen (400 g), abgetropft
2 EL gehackte Petersilienblätter
2 Eier
50 g Semmelbrösel
2 EL Olivenöl
Salz und frisch gemahlener Pfeffer

- In einer Küchenmaschine Lachs, Linsen, Kräuter und Eier sowie Salz und Pfeffer zu einem Püree verarbeiten. Aus der Mischung 8 Bratlinge formen und diese in den Semmelbröseln wälzen. Auf einen Teller legen und 12–15 Minuten zum Festwerden in den Kühlschrank stellen.
- In einer großen Pfanne 2 EL Olivenöl erhitzen und die Bratlinge darin in 4–5 Minuten knusprig braten, dabei einmal wenden. Auf Küchenpapier abtropfen lassen.
- Die Bratlinge mit einem grünen Salat und mit Aioli servieren. Zitronenspalten zum Beträufeln dazureichen.

10 Lachs-Linsen-Salat

In einer Pfanne 2 EL Olivenöl erhitzen und 2 gehackte Knoblauchzehen und 3 klein geschnittene Frühlingszwiebeln in 2–3 Minuten darin weich dünsten. 50 g gehackte sonnengetrocknete Tomaten, 2 EL gehackte Petersilienblätter und 500 g gegarte Puy-Linsen zugeben. 3–4 Minuten erhitzen, dann 200 g zerkleinertes gebratenes Lachsfilet und 1 EL Zitronensaft unterziehen. Den warmen Salat auf 4 Tellern anrichten und mit jeweils 1 kleinen Handvoll Rucola und 2 Scheiben Feta belegen.

20 Lachs mit Kräuterkruste und Linsen

Den Backofen auf 200 °C vorheizen. 50 g frische Semmelbrösel in eine Schüssel geben. 2 EL gehackte Petersilienblätter, die fein abgeriebene Schale von 1 unbehandelten Zitrone, 1 EL fein gehackte sonnengetrocknete Tomaten und 2 fein gehackte Frühlingszwiebeln untermischen. Mit 1 EL Olivenöl verrühren. 4 Lachsfilets in eine flache Auflaufform legen und mit der Kräuterpanade bestreichen. Im Backofen in 12–15 Minuten goldbraun backen. Sofort mit 500 g gegarten Puy-Linsen und einem Rucola-Feta-Salat servieren.

20 Chiliburger hot & spicy

Für 4 Personen
400 g Rinderhack
½ kleine rote Zwiebel, fein gehackt
1 grüne Chili, entkernt und fein gehackt
2 EL gemischte gehackte Kräuter
1 Ei, leicht verquirlt
1 TL gemahlene Kreuzkümmelsamen
1 TL Tabasco
50 g frische Semmelbrösel
Salz und frisch gemahlener Pfeffer
2 EL Pflanzenöl
4 Hamburgerbrötchen

- Alle Zutaten für die Burger in einer Schüssel vermengen. Aus der Mischung 4 große Frikadellen formen und auf eine Dicke von 1,5 cm flach drücken.
- In einer großen Pfanne 2 EL Pflanzenöl erhitzen und die Burger bei mittlerer Temperatur etwa 8–12 Minuten darin braten, dabei einmal wenden.
- Die Burger nach Belieben mit Salsa, Avocado oder Salatblättern anrichten und im Burgerbrötchen servieren.

---

10 Chilitostadas zum Einheizen Den Backofengrill auf mittlerer Stufe vorheizen. 2 Sirloinsteaks mit 2 TL Olivenöl bestreichen und mit 2 TL mexikanischer Gewürzmischung (Feinkosthandel) bestreuen. In einer Pfanne 1 EL Pflanzenöl erhitzen und die Steaks bei mittlerer Hitze darin 4–7 Minuten braten. Beiseitestellen. In der Zwischenzeit 4 Tortillas unter dem Grill 2–3 Minuten rösten. Auf Tellern anrichten und mit jeweils 2 EL Salsa bestreichen. Mit 100 g geriebenem Cheddar, ½ klein geschnittenen roten Zwiebel, ½ zerkleinerten Eisbergsalat und 1 gewürfelten Avocado belegen. Das Fleisch in Scheiben schneiden und mit 1 EL gehackten Korianderblättern garnieren. Mit Tabasco und einem Spritzer Limettensaft beträufeln. Sofort servieren.

30 Chili con Carne mit Schokolade In einem großen Topf 2 EL Pflanzenöl erhitzen und 1 gehackte Zwiebel, 1 entkernte und fein gewürfelte rote Paprika und 2 gehackte Knoblauchzehen bei mittlerer Hitze in 4–5 Minuten darin weich dünsten. 400 g Rinderhack zugeben und in 3–4 Minuten braun braten. 1 Päckchen Chili-con-Carne-Gewürz unterrühren, dann 1 Dose gehackte Tomaten (400 g), 1 Dose abgespülte und abgetropfte Kidneybohnen (400 g), 100 ml Rotwein und 100 ml Wasser zugeben. Aufkochen, dann bei schwacher Hitze 15 g dunkle Schokolade (85 % Kakao) einrühren, bis diese geschmolzen ist. Zugedeckt 15–18 Minuten sanft köcheln lassen, bis das Ganze eine sämige Konsistenz hat. Mit 2 EL gehackten Korianderblättern bestreuen und zu warmen Tortillas servieren. Dazu Tabasco und Zitronenstücke reichen.

20 Kohl-Speck-Pfanne

Für 2 Personen

100 g dicke Baconscheiben
2 EL Olivenöl
1 kleine Zwiebel
2 Knoblauchzehen
1 Prise gemahlener Piment
1 Prise gemahlener Zimt
¼ TL geriebene Muskatnuss
½ kleiner Wirsing, fein gehobelt
200 g Blumenkohlröschen
Salz und frisch gemahlener Pfeffer
2 EL gehackte Petersilienblätter zum Garnieren

- Den Bacon in 1 cm breite Streifen schneiden. In einer großen Pfanne 2 EL Olivenöl erhitzen und den Speck bei mittlerer Temperatur in 2–3 Minuten darin goldbraun braten. Zwiebeln in feine Scheiben schneiden, den Knoblauch hacken. In die Pfanne geben und weitere 3–4 Minuten braten.
- Gewürze einrühren, dann Wirsing und Blumenkohl zugeben und unter Rühren 7–8 Minuten braten. Das Gemüse sollte noch etwas Biss haben.
- Nach Geschmack würzen, mit Petersilie garnieren und in tiefen Tellern anrichten.

---

10 Kohlsalat mit Speck

½ kleinen Weißkohl in dünne Streifen schneiden und in eine große Schüssel geben. 1 geriebene Karotte, 1 fein geschnittene Selleriestange, 150 g fein geschnittene Blumenkohlröschen und 2 dünn geschnittene Frühlingszwiebeln zugeben. In einer zweiten Schüssel 150 g Sauerrahm, 2 TL Zitronensaft, je 1 Prise gemahlenen Piment, gemahlenen Zimt und geriebene Muskatnuss, 2 EL gehackte Petersilienblätter sowie Salz und frisch gemahlenen Pfeffer verrühren. Das Dressing zum Gemüse geben und gut vermischen. In einer Pfanne 2 EL Olivenöl erhitzen und 50 g geräucherte Baconscheiben darin goldbraun braten. Auf dem Salat verteilen. Mit geröstetem Pittabrot servieren.

30 Rotkohl mit Kasseler

Den Backofengrill auf mittlerer Stufe vorheizen. In einem großen Topf 50 g Butter zerlassen und 1 in Scheiben geschnittene Zwiebel sowie 1 gehackte Knoblauchzehe bei mittlerer Hitze in etwa 5–6 Minuten darin weich braten. 1 Prise gemahlenen Piment, 1 Prise gemahlenen Zimt und ¼ TL geriebene Muskatnuss einrühren. ½ kleinen Rotkohl, gehobelt, und 1 geschälten und geriebenen Apfel hinzufügen. Das Ganze etwa 15 Minuten dünsten, dabei häufig umrühren. In der Zwischenzeit 4 Kasselersteaks mit etwas Olivenöl bestreichen und auf einen mit Alufolie bedeckten Grillrost legen. Unter dem Grill 12–15 Minuten garen, dabei einmal wenden. Das Fleisch sollte noch saftig sein. Warm halten und 2–3 Minuten ruhen lassen. Mit dem würzigen Rotkohl servieren.

30 Champignonpilaw mit Spinat

Für 4 Personen
2 EL Pflanzenöl
1 Zwiebel, fein gehackt
2 Knoblauchzehen, fein gehackt
200 g braune Champignons, gewürfelt
3 Kardamomkapseln, leicht zerdrückt
¼ TL gemahlene Nelken
½ TL gemahlener Zimt
150 g Basmatireis
200 g Erbsen
500 ml Gemüsebrühe
125 g Spinatblätter, grob gehackt
Salz und frisch gemahlener Pfeffer
2 EL Röstzwiebeln zum Garnieren

- In einer großen, hochwandigen Pfanne 2 EL Pflanzenöl erhitzen und Zwiebeln und Knoblauch 4–5 Minuten darin braten, bis diese leicht Farbe angenommen haben. Ab und zu umrühren.
- Die Pilze zugeben und 2 Minuten mitbraten, dann die Gewürze und den Reis hinzufügen und 1 Minute einrühren.
- Die Brühe zugießen, mit Salz und Pfeffer würzen und den Deckel fest auf die Pfanne setzen. Etwa 15 Minuten sanft köcheln lassen, bis der Reis fast gar ist. 5 Minuten vor Ende der Garzeit die Erbsen hinzufügen.
- Die Pfanne vom Herd nehmen und den Spinat unterziehen. Den Deckel wieder auflegen und das Ganze 4–5 Minuten beiseitestellen. Danach sollte die Flüssigkeit vollständig aufgenommen und der Reis gar sein.
- In tiefen Tellern anrichten und mit Röstzwiebeln garnieren.

---

10 **Pilze und Spinat mit braunem Reis** In einer großen Pfanne 2 EL Pflanzenöl erhitzen und 1 fein gehackte Zwiebel, 2 gehackte Knoblauchzehen und 200 g gewürfelte Champignons darin braten. In der Zwischenzeit 500 g braunen Basmatireis nach Packungsanleitung zubereiten. 3 leicht zerdrückte Kardamomkapseln, ¼ TL gemahlene Nelken und ½ TL gemahlenen Zimt unter die Zwiebel-Pilz-Mischung rühren, dann 125 g grob gehackten Spinat hinzufügen. Mit dem Reis vermischen. Mit Röstzwiebeln garnieren und mit einem Tupfer griechischen Joghurt servieren.

20 **Pilz-Spinat-Pastete** In einer großen Pfanne 75 g Butter erhitzen und 2 gehackte Knoblauchzehen und 500 g gewürfelte braune Champignons bei mittlerer Hitze in 5–6 Minuten darin weich dünsten. 150 g gehackten Spinat einrühren und 10 Minuten abkühlen lassen. 150 g Frischkäse mit je 1 Prise gemahlen Nelken und gemahlenem Zimt sowie 2 EL gehackten Petersilienblättern in eine Küchenmaschine geben. Pilze und Spinat hinzufügen und das Ganze kurz zu einer stückigen Mischung verarbeiten. Alternativ zur Küchenmaschine die Zutaten mit der Hand vermengen. Mit Salz und frisch gemahlenem Pfeffer abschmecken. Die Pastete in 4 Schalen füllen und mit warmem indischen Naan-Brot servieren.

20 Fischeintopf mit Kichererbsen

Für 4 Personen

2 EL Olivenöl
1 Selleriestange, in mundgerechte Stücke geschnitten
2 Knoblauchzehen, gehackt
1 TL edelsüßes Paprikapulver
125 ml trockener Weißwein
1 Dose Ratatouille (400 g)
1 Dose Kichererbsen (400 g), abgespült und abgetropft
fein geriebene Schale von 1 unbehandelten Zitrone
75 ml Gemüsebrühe
400 g grätenfreie Fischfilets, z. B. Schellfisch, Kabeljau oder Lachs
Salz und frisch gemahlener Pfeffer
2 EL gehackte Petersilienblätter zum Garnieren

- In einem großen Topf 2 EL Olivenöl erhitzen und Sellerie und Knoblauch bei mittlerer Temperatur in 3–4 Minuten darin weich dünsten.
- Paprika 1 Minute lang einrühren, dann den Wein zugießen und auf die Hälfte einkochen lassen.
- Ratatouille mit Kichererbsen, Zitronenschale und Brühe in den Topf geben, nach Geschmack würzen. Das Ganze in 5–6 Minuten sämig einkochen lassen.
- Den Fisch in mundgerechte Stücke schneiden. Dem Ratatouille hinzufügen und abgedeckt im Topf 3–5 Minuten gar ziehen lassen. Mit Petersilie bestreuen. Dazu Reis oder Couscous reichen.

10 Bratfisch mit Kichererbsen-Ratatouille

In einer großen Pfanne 2 EL Pflanzenöl erhitzen und 4 grätenfreie Fischfilets ohne Haut (z. B. Kabeljau, Schellfisch oder Lachs) in 5–7 Minuten darin gar dünsten, dabei einmal wenden. In der Zwischenzeit in einem zweiten Topf 1 Dose Ratatouille (400 g), 1 Dose abgespülte und abgetropfte Kichererbsen (400 g), die fein abgeriebene Schale von 1 unbehandelten Zitrone und 100 ml Gemüsebrühe erhitzen. Mit Salz und frisch gemahlenem Pfeffer würzen. 4–5 Minuten köcheln lassen. Das Gemüse auf Tellern anrichten. Den Fisch darauflegen und das Ganze mit Petersilie bestreuen.

30 Fisch mit Kichererbsen aus dem Ofen

Den Backofen auf 200 °C vorheizen. In einem großen Topf 2 EL Olivenöl erhitzen und 1 klein geschnittene Selleriestange sowie 2 gehackte Knoblauchzehen darin weich dünsten. 1 gewürfelte Fenchelknolle, 600 g Kichererbsen und Gemüsebrühe zugeben, dann 1 TL edelsüßes Paprikapulver einrühren. Den Eintopf 5–6 Minuten köcheln, dann in eine ofenfeste Form füllen. 4 Fischfilets darauflegen. Mit 1 EL Öl beträufeln, würzen und 12–15 Minuten backen. Mit Reis oder Couscous servieren.

20 Bratwurst mit Kartoffel-Rosenkohl-Püree

Für 2 Personen

4 Bratwürste
400 g mehlig kochende Kartoffeln
50 g Butter
200 g Rosenkohl
¼ TL geriebene Muskatnuss
1 EL Schnittlauchröllchen
1 EL körniger Senf
2 EL Crème fraîche
Salz und frisch gemahlener Pfeffer

- Den Backofengrill auf mittlerer Stufe vorheizen. Die Bratwürste auf einen mit Alufolie bedeckten Grillrost legen und unter dem Grill 15–18 Minuten grillen, bis die Würste gar sind.
- Die Kartoffeln schälen, vierteln und in Salzwasser in 12–15 Minuten weich kochen.
- In der Zwischenzeit in einer Pfanne 25 g Butter zerlassen. Den Rosenkohl in Scheiben schneiden und mit Muskat und je 1 guten Prise Salz und Pfeffer bei mittlerer Hitze 4–6 Minuten in der Pfanne dünsten, bis er weich ist. Gelegentlich umrühren.
- Die Kartoffeln abgießen, wieder in den Topf geben und mit der restlichen Butter pürieren. Schnittlauch, Senf, Crème fraîche und Rosenkohl einrühren und sofort mit den gegrillten Würsten servieren.

10 **Wurst und Rosenkohl aus der Pfanne** 250 g halbierte Rosenkohlköpfe in kochendem Wasser 2–3 Minuten blanchieren und gut abgießen. In der Zwischenzeit in einer großen Pfanne 2 EL Olivenöl erhitzen und 2 gehackte Knoblauchzehen bei mittlerer Hitze in 1–2 Minuten darin weich braten. 250 g in Scheiben geschnittene geräucherte Mettwurst und den Rosenkohl hinzufügen, bei mittlerer Hitze 3–4 Minuten unter Rühren weiterbraten. Mit Kartoffelpüree servieren.

30 **Wursteintopf mit Rosenkohl** Den Backofen auf 220 °C vorheizen. 350 g in dicke Scheiben geschnittene grobe Bratwurst in eine große Bratform legen, 250 g Rosenkohl, 2 ungeschälte Knoblauchzehen, 1 kleine, in mundgerechte Stücke geschnittene Zwiebel und 2 Thymianzweige dazulegen. Würzen und 2 EL Olivenöl darüberträufeln. Im Backofen unter gelegentlichem Wenden 20–25 Minuten garen. In der Zwischenzeit 400 g Kartoffeln würfeln und in Salzwasser in 12–15 Minuten garen. Abgießen, wieder in den Topf geben und mit 25 g Butter pürieren. 1 EL Schnittlauchröllchen, 1 EL körnigen Senf und 2 EL Crème fraîche unterrühren. Den Eintopf mit dem Kartoffelpüree servieren.

20 Linguine mit Sardinen

Für 4 Personen
2 EL Olivenöl
1 rote Zwiebel, gehackt
2 Knoblauchzehen, zerdrückt
400 g Kirschtomaten, halbiert
½ TL getrocknete Chiliflocken
1 Prise Zucker
fein abgeriebene Schale von 1 unbehandelten Zitrone
350 g Linguine
400 g Sardinen in Öl, abgetropft
2 EL abgespülte Kapern
Salz und frisch gemahlener Pfeffer
1 Handvoll Basilikumblätter zum Garnieren

- In einem großen Topf 2 EL Olivenöl erhitzen und Zwiebeln und Knoblauch bei mittlerer Temperatur in 6–7 Minuten darin weich dünsten. Tomaten, Chiliflocken, Zucker, Zitronenschale sowie Salz und Pfeffer zugeben. Das Ganze zum Kochen bringen und abgedeckt etwa 10 Minuten köcheln lassen, bis die Mischung etwas eingedickt ist.
- In der Zwischenzeit die Linguine nach Packungsanleitung in kochendem Salzwasser al dente garen. Abgießen, 2 EL Kochflüssigkeit aufbewahren und die Nudeln wieder in den Topf geben.
- Sardinen und Kapern 1–2 Minuten vor Garende in die Tomatensauce rühren. Die Nudeln und die Kochflüssigkeit zur heißen Sauce geben und vorsichtig untermischen. In tiefen Tellern anrichten und mit schwarzem Pfeffer und Basilikum bestreuen.

---

10 **Spaghetti mit Kapern und Sardinen** 500 g Spaghetti in reichlich kochendem Salzwasser nach Packungsanleitung al dente garen, abgießen und 3 EL Garflüssigkeit aufbewahren. In der Zwischenzeit in einem Topf 2 EL Olivenöl erhitzen und 2 gehackte Knoblauchzehen und 1 entkernte und gehackte rote Chili bei mittlerer Hitze in 1–2 Minuten darin weich dünsten, aber nicht bräunen. 250 g abgetropfte Sardinen in Öl, 1 EL Zitronensaft und 2 TL abgespülte Kapern zugeben und das Ganze 2–3 Minuten erhitzen. Über die Spaghetti gießen. Garflüssigkeit und 2 EL gehackte Petersilienblätter zugeben und alles gut mischen. Nach Geschmack würzen und sofort servieren.

30 **Tomaten-Sardinen-Pasta aus dem Ofen** Den Backofen auf 200 °C vorheizen. In einem großen Topf 2 EL Olivenöl erhitzen und 1 gehackte Zwiebel und 2 gehackte Knoblauchzehen darin weich dünsten. 400 g halbierte Kirschtomaten, ½ TL Chiliflocken, 1 Prise Zucker, die fein abgeriebene Schale von 1 unbehandelten Zitrone sowie Salz und frisch gemahlenen Pfeffer zugeben. Die Sauce zum Kochen bringen und abgedeckt in etwa 5 Minuten etwas eindicken lassen. 400 g abgetropfte Sardinen in Öl und 2 EL abgespülte Kapern 1–2 Minuten vor Garende in die Tomatensauce rühren. In der Zwischenzeit 300 g Penne in reichlich Salzwasser al dente garen, abgießen und zur Sauce geben. Das Ganze vermengen und in eine Auflaufform füllen. 125 g halbierte Mini-Mozzarellas darauf verteilen. Im Backofen in 15–18 Minuten goldbraun backen.

Quick Winter Warmers

Hauptgerichte für Leib & Seele

Rezepte nach Zubereitungszeit

30

20

10

20 Butternut-Salbei-Nudeln

Für 4 Personen

50 g Butter
2–3 Schalotten, gehackt
2 Knoblauchzehen, gehackt
300 g geschälter Butternut-Kürbis, fein gewürfelt
250 g Risini- oder Kritharaki-Pasta
3 EL Pinienkerne
700 ml Gemüsebrühe
½ EL gehackte Salbeiblätter zzgl. etwas zum Garnieren
125 g Mascarpone
25 g geriebener Parmesan zzgl. etwas zum Garnieren
Salz und frisch gemahlener Pfeffer

- In einer großen, tiefen Pfanne 50 g Butter zerlassen und Schalotten, Knoblauch und Kürbis bei mittlerer Temperatur 6–7 Minuten dünsten. Risini oder Kritharaki einrühren, bis die Körner mit der Butter überzogen sind.
- In der Zwischenzeit die Pinienkerne in einer kleinen Pfanne bei mittlerer Hitze in 3–4 Minuten ohne Fett goldbraun rösten. Dabei die Pfanne ab und zu leicht rütteln. Die Kerne auf einem Teller abkühlen lassen.
- Die Brühe zu den Nudeln gießen, Salbei und reichlich Salz und Pfeffer zugeben. Aufkochen lassen, dann abgedeckt etwa 10 Minuten unter gelegentlichem Rühren (damit nichts ansetzt) köcheln lassen, bis die Flüssigkeit vollständig aufgenommen ist und Nudeln und Kürbis weich sind.
- Mascarpone und geriebenen Parmesan unterrühren und mit gerösteten Pinienkernen, Salbei und Parmesan bestreut servieren.

---

10 **Salbeirisotto mit Pinienkernen** In einer Pfanne 50 g Butter zerlassen und 3 gehackte Schalotten und 2 gehackte Knoblauchzehen 3–4 Minuten darin weich dünsten. 3 EL Pinienkerne bei mittlerer Hitze in 3–4 Minuten ohne Fett goldbraun rösten. 500 g gegarten Naturreis mit 75 ml heißer Gemüsebrühe, 125 g Mascarpone, 1 EL gehackten Salbeiblättern und 3 EL geriebenem Parmesan in die Pfanne geben. Würzen und 2–3 Minuten köcheln lassen. Auf Tellern anrichten und mit den Pinienkernen sowie mit weiterem Salbei und Parmesan garnieren.

---

30 **Kürbis-Salbei-Risotto** In einer großen Pfanne 50 g Butter zerlassen und 3 fein gehackte Schalotten, 2 gehackte Knoblauchzehen und 300 g fein gewürfelten Butternut-Kürbis in 6–7 Minuten darin weich dünsten. 1 EL gehackte Salbeiblätter und 350 g Risottoreis einrühren, bis die Reiskörner vollständig mit Fett überzogen sind. 125 ml trockenen Weißwein zugießen und unter Rühren köcheln lassen, bis die Flüssigkeit vollständig verkocht ist. 1,2 l heiße Gemüsebrühe schöpflöffelweise zugeben. Dabei die ganze Zeit rühren und erst dann weitere Brühe hinzufügen, wenn die Flüssigkeit vollständig absorbiert wurde. Es dauert etwa 17 Minuten, bis der Reis al dente ist. 2 EL Mascarpone einrühren, dann den Risotto zugedeckt 1–2 Minuten ruhen lassen. Auf Tellern anrichten und mit weiterem Salbei sowie mit geriebenem Parmesan bestreuen.

10 Polenta-Pommes mit Arrabiatadip

Für 2 Personen
500 g Polenta (Maisgrieß)
3 EL Mehl zum Bestäuben
4 EL Olivenöl
400 g Arrabiata-Pastasauce aus dem Glas

- Die Polenta nach Packungsanleitung zubereiten, ca. 1 cm dick auf ein kleines Backblech streichen und 1 Stunde kalt stellen. Anschließend in fingerdicke Stücke schneiden und mit Mehl bestäuben. Das überschüssige Mehl abschütteln.
- In einer Pfanne 4 EL Olivenöl erhitzen und die Polenta-Pommes bei mittlerer Hitze von jeder Seite 2–3 Minuten knusprig braten. Auf Küchenpapier abtropfen lassen und warm halten.
- In der Zwischenzeit die Sauce in einem Topf erhitzen. In kleine Schälchen füllen und mit den Polentastäbchen servieren. Dazu einen Rucola-Parmesan-Salat reichen.

---

20 **Polenta mit Arrabiatasauce** In einem großen Topf 2 EL Olivenöl bei mittlerer Temperatur erhitzen und 1 kleine gehackte rote Zwiebel, 1 gehackte Knoblauchzehe und 1 entkernte und gehackte rote Chili in 6–7 Minuten darin weich dünsten. 2 reife gewürfelte Tomaten, 50 g entsteinte, in Scheiben geschnittene grüne Oliven und 2 EL gehackte Petersilienblätter einrühren. Mit Salz und frisch gemahlenem Pfeffer würzen und 3–4 Minuten weiter köcheln lassen, bis die Tomaten zerfallen. Dabei gelegentlich umrühren. In der Zwischenzeit 125 g Polenta (Maisgrieß) nach Packungsanleitung zubereiten. 2 EL geriebenen Parmesan, 1 EL gehackte Petersilienblätter und reichlich Salz und Pfeffer unterrühren, dann die Polenta auf Tellern anrichten. Die warme Arrabiatasauce und einen grünen Salat dazureichen.

30 **Polenta arrabiata aus dem Ofen** Den Backofen auf 220 °C vorheizen. Für die Arrabiatasauce in einem großen Topf 4 EL Olivenöl erhitzen und 2 kleine gehackte rote Zwiebeln, 2 gehackte Knoblauchzehen und 1 entkernte und gehackte rote Chili in 6–7 Minuten darin weich dünsten. 4 reife gewürfelte Tomaten, 100 g entsteinte, in Scheiben geschnittene grüne Oliven und 4 EL gehackte Petersilienblätter einrühren. Mit Salz und frisch gemahlenem Pfeffer würzen und 3–4 Minuten weiter köcheln lassen, bis die Tomaten zerfallen. Dabei gelegentlich umrühren. Die Hälfte der Sauce in einer mittelgroßen Auflaufform verteilen. In der Zwischenzeit 300 g Polenta (Maisgrieß) nach Packungsanleitung zubereiten und auf der Sauce verteilen. Mit 50 g gewürfeltem Mozzarella und 2 EL geriebenem Parmesan bestreuen. Den Rest der Arrabiatasauce darauf verteilen und gleichmäßig verstreichen. Noch einmal mit 75 g gewürfeltem Mozzarella und 2 EL geriebenem Parmesan bestreuen. Im Backofen in 20–25 Minuten goldbraun backen. Mit einem Rucola-Parmesan-Salat servieren.

30 Baked Beans mit Speck

Für 4 Personen

2 EL Olivenöl
200 g Pancetta (italienischer Bauchspeck), gewürfelt
2 Schalotten
2 Knoblauchzehen
1 Selleriestange
1 Karotte
1 TL edelsüßes Paprikapulver
125 ml Rotwein
2 Dosen Cannellinibohnen (je 400 g), abgespült und abgetropft
500 g Passata (passierte Tomaten) aus dem Glas
1 TL Rotweinessig
1 EL Worcestersauce
1 EL brauner Zucker
Salz und frisch gemahlener Pfeffer

- In einem großen Topf 2 EL Olivenöl erhitzen und den Speck bei mittlerer Temperatur in 3–4 Minuten darin goldbraun braten. Schalotten, Knoblauch, Sellerie und Karotte fein schneiden und zum Speck geben. In 7–8 Minuten weich dünsten. 1 Minute vor Garende das Paprikapulver einrühren.
- Den Wein zugießen und köcheln lassen, bis dieser vollständig verkocht ist. Bohnen, Passata, Essig, Worcestersauce und Zucker einrühren und nach Geschmack würzen. Etwa 15 Minuten unter gelegentlichem Rühren köcheln lassen, bis die Sauce eine sämige Konsistenz hat. Gegebenenfalls mit etwas Wasser verdünnen.
- Die Bohnen auf Tellern anrichten und mit grober Bratwurst servieren.

---

10 **Wurst und Bohnen auf Knoblauchtoast** In einer großen Pfanne 2 EL Olivenöl erhitzen und 1 fein gehackte Zwiebel und 1 klein geschnittene Selleriestange in 6–7 Minuten darin weich dünsten. 200 g in dicke Scheiben geschnittene geräucherte Mettwurst und 1 TL Pimentón de la Vera (geräuchertes Paprikapulver) zugeben und 1 Minute erhitzen. 1 Dose Kidneybohnen (400 g) und 500 g Passata (passierte Tomaten) aus dem Glas einrühren. 2 EL gehackte Basilikumblätter hinzufügen, aufkochen lassen und auf geröstetem Knoblauchbrot servieren.

20 **Eier und Bohnen aus dem Ofen** Den Backofen auf 200 °C vorheizen. In einer großen Pfanne 2 EL Olivenöl erhitzen und 1 fein gehackte Zwiebel und 1 klein geschnittene Selleriestange in 6–7 Minuten darin weich dünsten. 1 TL Pimentón de la Vera (geräuchertes Paprikapulver) zugeben und 1 Minute erhitzen. 1 Dose Kidneybohnen (400 g) und 500 g Passata (passierte Tomaten) aus dem Glas einrühren. 2 EL gehackte Basilikumblätter hinzufügen, aufkochen lassen. Die Mischung in 4 kleine Auflaufformen verteilen, jeweils 1 Ei aufschlagen und daraufgleiten lassen. Im Backofen 8–10 Minuten backen. Das Eiweiß sollte fest sein, das Eigelb noch weich. Dazu Grillwurst und knuspriges Knoblauchbrot reichen.

20 Hähnchen in Blätterteig

Für 4 Personen

320 g Blätterteig aus dem Kühlregal
1 kleines Ei, verquirlt
1 EL Olivenöl
2 Porreestangen, fein gewürfelt
150 g kleine Champignons, halbiert
350 g gegartes Hähnchenfleisch, gewürfelt
100 g Brie, in Scheiben geschnitten
4 Scheiben Parmaschinken, in Streifen geschnitten
1 TL gehackte Thymianblättchen
4 EL Crème fraîche
Salz und frisch gemahlener Pfeffer

- Den Backofen auf 200 °C vorheizen. Ein Backblech mit Backpapier belegen. Den Blätterteig ausrollen, eine ovale Auflaufform umdrehen und darauflegen. Den Blätterteig rundherum einschneiden. Den ausgeschnittenen Teig auf das vorbereitete Backblech legen, mit dem verquirlten Ei bestreichen und im Backofen etwa 10 Minuten backen, bis der Blätterteig aufgegangen ist und eine goldgelbe Farbe hat.
- In der Zwischenzeit in einer großen Pfanne 1 EL Olivenöl erhitzen und den Porree in 3–4 Minuten darin weich dünsten. Die Pilze zugeben und weitere 3–4 Minuten dünsten. Die restlichen Zutaten unterrühren und das Ganze mit Salz und Pfeffer abschmecken.
- Die Mischung in die Auflaufform füllen, den Teig darauflegen und im Backofen 3–4 Minuten backen, bis der Teig knusprig ist.

---

10 **Hähnchen-Brie-Baguette** Den Backofengrill auf mittlerer Stufe vorheizen. 1 Baguette der Länge nach teilen, dann jeweils halbieren. Die Schnittflächen mit 2 EL Zwiebelchutney aus dem Glas bestreichen. 200 g in Scheiben geschnittenes gegartes Hähnchenfleisch, 150 g in Scheiben geschnittener Brie, 150 g halbierte Kirschtomaten und 1 TL Thymianblättchen in 4 Portionen teilen und jedes Brot damit belegen. Jeweils mit ½ TL Olivenöl beträufeln, auf einen Grillrost legen und unter dem Grill 5–6 Minuten backen, bis der Käse goldgelb und geschmolzen ist. Mit einem Rucolasalat servieren.

---

30 **Hähnchen-Porree-Pie mit Brie** Den Backofen auf 200 °C vorheizen. In einer großen Pfanne 50 g Butter zerlassen und 2 in Scheiben geschnittene Porreestangen und 150 g in Scheiben geschnittene Pilze in 6–7 Minuten darin weich dünsten. In der Zwischenzeit 320 g Blätterteig aus dem Kühlregal ausrollen und 4 Kreise ausstechen, die etwas größer sind als der Umfang einer kleinen Pie-Form. 4 gebratene Hähnchenbrüste in mundgerechte Stücke schneiden und in die Pfanne geben. 4 in Streifen geschnittene Scheiben Rohschinken, 1 TL gehackte Thymianblättchen und 150 g Sahne hinzufügen. Zum Kochen bringen, dann die Mischung in 4 kleine Pie-Formen füllen. 125 g Brie in Scheiben schneiden und jeweils 1–2 Scheiben auf die Füllung legen. Jeweils mit einem Teigstück bedecken, dabei den Teig etwas überhängen lassen. Mit verquirltem Ei bestreichen, ein Loch einschneiden, damit der Dampf entweichen kann, und das Ganze im Backofen 15 Minuten backen, bis der Teig aufgegangen ist und eine goldgelbe Färbung hat.

20 Medaillons Milanese mit Wurzelgemüse

Für 4 Personen

8 Schweinefiletmedaillons
2 kleine Eier, verquirlt
3 EL Mehl
100 g frische Semmelbrösel
200 g Pastinaken
400 g Karotten
1 kleiner Apfel, geschält und entkernt
1 EL gehackte Petersilienblätter
4 EL Crème fraîche
1 EL körniger Senf
2 TL Apfelessig
3 EL Olivenöl
Salz und frisch gemahlener Pfeffer
8 Zitronenspalten zum Garnieren

- Die Schweinemedaillons zwischen 2 große Stücke Frischhaltefolie legen und mit einer Teigrolle auf eine Dicke von ca. 5 mm flach rollen.
- Das verquirlte Ei mit Salz und Pfeffer würzen. Mehl, Eier und Semmelbrösel jeweils in einen flachen Teller geben. Das Fleisch zuerst durch das Mehl, dann durch das Ei ziehen und zum Schluss in den Semmelbröseln wälzen.
- Pastinaken, Karotten und Apfel grob reiben und in eine Schüssel geben. Petersilie, Crème fraîche, Senf, Essig und je 1 Prise Salz und Pfeffer hinzufügen und die Zutaten gut mischen.
- In einer großen Pfanne 3 EL Olivenöl erhitzen und die Medaillons bei mittlerer Temperatur 4–5 Minuten darin braten, dabei einmal wenden. Das Wurzelgemüse auf Tellern anrichten und dazu die mit Zitronenspalten garnierten Medaillons Milanese servieren.

---

10 Schweinesteak mit Wurzelgemüse In einer Pfanne 2 EL Olivenöl erhitzen und 4 gewürzte Schweinesteaks von jeder Seite 3–4 Minuten darin braten. In der Zwischenzeit in einer Schüssel 200 g grob geriebene Pastinaken, 400 g grob geriebene Karotten und 1 kleinen grob geriebenen Apfel mit 1 EL gehackten Petersilienblättern, 4 EL Crème fraîche, 1 EL körnigem Senf, 2 TL Apfelessig und je 1 Prise Salz und frisch gemahlenem Pfeffer gut vermischen. Das Gemüse zum Fleisch servieren.

30 Schweinefilet auf Wurzelgemüsepüree Den Backofen auf 220 °C vorheizen. 2 dünne Schweinelendenstücke halbieren. 2 Knoblauchzehen in kleine Stifte schneiden. In das Fleisch kleine Einschnitte machen und diese mit Knoblauchstiften und den Nadeln eines Rosmarinzweigs füllen. In eine kleine Bratform legen und mit 1 EL Olivenöl beträufeln. Mit Salz und frisch gemahlenem Pfeffer würzen und im Backofen in 15–20 Minuten garen. In der Zwischenzeit 1 kg Wurzelgemüse, zum Beispiel Kartoffeln, Pastinaken, Sellerie und Karotten, in Stücke schneiden und in reichlich Salzwasser in 12–15 Minuten weich köcheln. Abgießen und mit 2 EL Crème fraîche, 1 EL körnigem Senf, 2 EL gehackten Petersilienblättern sowie reichlich Salz und Pfeffer wieder in den Topf geben. Pürieren und warm halten. Das Fleisch aus dem Ofen nehmen und 1–2 Minuten ruhen lassen. Mit dem Wurzelgemüsepüree servieren.

30 Käse-Thunfisch-Tasche

Für 4 Personen
50 g Butter
2 Porreestangen
640 g Blätterteig aus dem Kühlregal
Mehl zum Bestäuben
2 Dosen Thunfisch (je 185 g), in eigenem Saft, abgetropft
175 g kaltes Kartoffelpüree
100 g geriebenen Cheddar
1 ½ EL Schnittlauchröllchen
1 kleines Ei, leicht verquirlt
Salz und frisch gemahlener Pfeffer

- Den Backofen auf 220 °C vorheizen. Ein Backblech mit Backpapier auslegen.
- In einer großen Pfanne 50 g Butter zerlassen, den Porree klein schneiden und in 4–5 Minuten im Fett weich dünsten.
- In der Zwischenzeit den Teig auf einer leicht bemehlten Arbeitsfläche ausrollen und 4 Kreise (je 22 cm Durchmesser) ausstechen.
- Den Porree in eine große Schüssel geben, Thunfisch, Kartoffelpüree, Käse, Schnittlauch und je 1 Prise Salz und Pfeffer hinzufügen. Die Zutaten gut mischen.
- Von der Füllung jeweils etwas in die Mitte der Teigkreise geben und die Ränder mit etwas Ei bestreichen. Den Teig zu Taschen zusammenlegen und die Ränder fest zusammendrücken.
- Die Taschen auf das Backblech legen, mit Ei bestreichen und im Backofen etwa 15 Minuten backen, bis der Teig aufgegangen ist. Etwas abkühlen lassen und mit Salatblättern servieren.

---

10 **Thunfisch-Schnittlauch-Toast** 2 abgetropfte Dosen Thunfisch (je 185 g) sowie 100 g geriebenen Cheddar und 1 ½ EL Schnittlauchröllchen in eine Schüssel geben. 4 EL Mayonnaise und 1 TL Zitronensaft hinzufügen, mit Salz und frisch gemahlenem Pfeffer würzen und vermengen. 4 Scheiben Bauernbrot dick damit bestreichen. Eine Handvoll junge Rucolablätter auf den Scheiben verteilen, dann mit einer zweiten Scheibe Brot belegen. In einer Pfanne ohne Fett 3–4 Minuten braten, dabei einmal wenden. Alternativ das Brot zuvor in einem Toaster rösten.

20 **Thunfisch-Schnittlauch-Rissolle** In einer Pfanne 50 g Butter zerlassen und 2 klein geschnittene Stangen Porree in 4–5 Minuten darin weich dünsten. In der Zwischenzeit 75 g gekochten Reis, 50 g frische Semmelbrösel und 1 großes, verquirltes Ei in eine Schüssel oder in eine Küchenmaschine geben. 2 abgetropfte Dosen Thunfisch (je 185 g, in eigenem Saft), 100 g geriebenen Cheddar und 1 ½ EL Schnittlauchröllchen hinzufügen. Dann den Porree ergänzen. Die Zutaten kurz vermengen. Daraus 12 Rissolles (kleine Frikadellen) formen und diese mit etwas Mehl bestäuben. In einer großen Pfanne 3 EL Olivenöl erhitzen und die Rissolles bei mittlerer Temperatur 3–5 Minuten darin knusprig braten, dabei einmal wenden. Dazu Tartarensauce und Salat servieren.

10 Bœuf Bourguignon

Für 2 Personen

3 EL Olivenöl
100 g Speckstreifen
75 g kleine braune oder weiße Champignons, in Scheiben geschnitten
2 Rinderfiletsteaks
100 ml Rotwein
125 ml Rinderbrühe
25 g kalte Butter, gewürfelt

- In einer großen Pfanne 2 EL Olivenöl erhitzen und den Speck darin goldbraun braten. Die Pilze zugeben und 2–3 Minuten mitbraten. In der Zwischenzeit in einer zweiten Pfanne 1 EL Öl erhitzen und die Steaks bei mittlerer Temperatur darin 2–3 Minuten von jeder Seite braten – je nachdem, wie durchgebraten das Fleisch gewünscht wird. Warm halten.
- Den Wein in die leere Pfanne geben und rühren, bis sich der Bratensatz vom Boden gelöst hat und eine sirupartige Konsistenz bekommt. Die Speckmischung und die Brühe zugeben, köcheln lassen, bis die Flüssigkeit um die Hälfte reduziert ist. Abschmecken, dann nach und nach die Butter einrühren.
- Die Steaks auf vorgewärmten Tellern anrichten und sofort mit der Sauce Bourguignon servieren. Dazu Kartoffelpüree reichen.

---

20 **Falsches Bœuf Bourguignon** In einer Pfanne 2 EL Olivenöl erhitzen und 300 g Sirloinsteak, in Streifen geschnitten, in 3–4 Minuten braun anbraten. Auf einen Teller legen. 100 g gewürfelten Pancetta (italienischen Bauchspeck) in 2–3 Minuten goldbraun braten. 4 geviertelte kleine Schalotten 3–4 Minuten mitbraten, dann für weitere 2–3 Minuten 100 g halbierte kleine Champignons hinzufügen. Mit 2 EL Weinbrand und 125 ml Rotwein ablöschen und köcheln lassen, bis das Ganze eine sirupartige Konsistenz hat. 125 ml Rinderbrühe zugießen und auf die Hälfte einkochen. Das Fleisch wieder im Topf erhitzen und mit Kartoffelpüree servieren.

30 **Rindfleischpie auf Burgunder Art** Den Backofengrill auf mittlerer Stufe vorheizen. In einer Pfanne 2 EL Olivenöl erhitzen, 300 g in Streifen geschnittenes Sirloinsteak zugeben und in 3–4 Minuten braun anbraten. Beiseitestellen. 100 g gewürfelten Pancetta (italienischem Bauchspeck) in 2–3 Minuten goldbraun braten. 4 geviertelte kleine Schalotten 3–4 Minuten mitbraten, dann 100 g halbierte kleine Champignons hinzufügen und das Ganze weitere 2–3 Minuten garen. Mit 2 EL Weinbrand und 125 ml Rotwein ablöschen und so lange köcheln lassen, bis die Flüssigkeit eine sirupartige Konsistenz hat. 125 ml Rinderbrühe zugießen und auf die Hälfte einkochen. Das Fleisch wieder in den Topf geben. Alles gut mischen und in 2 kleinere Auflaufformen füllen. In der Zwischenzeit 500 g Kartoffeln schälen, in Stücke schneiden und in kochendem Salzwasser 10–15 Minuten garen. Abgießen und mit 50 g Butter und 1 Prise geriebener Muskatnuss, Salz und frisch gemahlenem Pfeffer pürieren, dann auf der Pie-Füllung verstreichen und mit 3 EL geriebenem Cheddar bestreuen. In 6–7 Minuten goldbraun backen.

20 Tortellini vom Grill mit Käse und Speck

Für 4 Personen

800 g frische Tortellini mit beliebiger Füllung
2 EL Olivenöl
200 g durchwachsener Speck
150 g Champignons
400 g Crème fraîche
75 g Roquefort, zerbröckelt
frisch gemahlener schwarzer Pfeffer
100 g geriebener Cheddar

- Den Backofengrill auf mittlerer Temperatur vorheizen. Die Tortellini in reichlich kochendem Salzwasser nach Packungsanleitung al dente kochen. Abgießen und dabei 3 EL Kochflüssigkeit auffangen. Die Nudeln in eine große Form oder in 4 kleine Auflaufformen geben.
- In der Zwischenzeit in einer Pfanne 2 EL Olivenöl erhitzen. Den Speck würfeln und bei mittlerer Temperatur in 4–5 Minuten darin bräunen. Die Pilze in Scheiben schneiden, zugeben und 3–4 Minuten braten.
- Crème fraîche, Kochflüssigkeit und den Blauschimmelkäse einrühren, mit Pfeffer würzen. Langsam erhitzen, bis der Käse geschmolzen ist, dann die Mischung auf den Tortellini verteilen.
- Mit Cheddar bestreuen. Unter dem Grill in 6–7 Minuten goldbraun backen. Einen grünen Salat dazureichen.

---

10 Käsepenne mit knusprigem Speck Den Backofengrill auf mittlerer Temperatur vorheizen. 8 Scheiben durchwachsenen Speck unter dem Grill 6–7 Minuten backen. 700 g frische Penne in reichlich kochendem Salzwasser nach Packungsanleitung al dente garen. Abgießen und mit 2 EL der Kochflüssigkeit wieder in den Topf geben. In der Zwischenzeit in einer Pfanne 25 g Butter zerlassen und 150 g in Scheiben geschnittene Pilze 3–4 Minuten darin braten. 400 g Crème fraîche, 75 g Roquefort und frisch gemahlenen schwarzen Pfeffer einrühren. Ist der Käse geschmolzen, das Ganze mit den Nudeln vermengen. Mit dem knusprigen Speck belegen und sofort servieren.

30 Makkaroniauflauf mit Blauschimmelkäse
Den Backofen auf 220 °C vorheizen. 350 g Makkaroni in reichlich kochendem Salzwasser nach Packungsanleitung al dente garen. In der Zwischenzeit in einer Pfanne 50 g Butter zerlassen und 8 Scheiben durchwachsenen Speck darin knusprig braten. 150 g geviertelte Champignons hinzufügen und weitere 2–3 Minuten garen. Die Nudeln gut abgießen. 600 ml Milch mit 75 g Mehl und 75 g Butter in einen Topf geben und ständig mit einem Schneebesen rührend zu einer sämigen, klümpchenfreien Sauce verarbeiten. 1–2 Minuten köcheln lassen, etwas würzen. Den Topf vom Herd nehmen und 100 g zerbröckelten Blauschimmelkäse und reichlich frisch gemahlenen schwarzen Pfeffer einrühren. Mit den Makkaroni, dem Speck und den Pilzen vermischen und in eine Auflaufform geben. 2 EL geriebenen Parmesan und 2 EL frische Semmelbrösel darauf verteilen und im Backofen 15 Minuten backen, bis der Auflauf eine goldbraune, knusprige Kruste hat.

30 Hähnchenbrust mit Wintergemüse aus dem Ofen

Für 4 Personen

4 EL Olivenöl
4 Hähnchenbrüste mit Haut
400 g kleine festkochende Kartoffeln
400 g Karotten, geviertelt
400 g Pastinaken, geviertelt
4 Schalotten, geviertelt
6 kleine Knoblauchzehen
2 Thymianzweige
1 Rosmarinzweig
Salz und frisch gemahlener Pfeffer

- Den Backofen auf 220 °C vorheizen. In einer großen Pfanne 2 EL Olivenöl bei mittlerer Temperatur erhitzen und das Hähnchen mit der Hautseite nach unten 7–8 Minuten braten, bis die Haut goldbraun und knusprig ist.
- In der Zwischenzeit die Kartoffeln schälen, halbieren und in reichlich Salzwasser 6–7 Minuten kochen, 3 Minuten vor Ende der Garzeit die Karotten- und Pastinakenviertel zugeben. Das Gemüse sollte anschließend knapp weich sein.
- Gut abgießen und in eine große Bratform füllen. Schalotten, Knoblauch, Kräuter und 2 EL Öl hinzufügen, mit etwas Salz und Pfeffer abschmecken und gründlich mischen. Das Hähnchen mit der Hautseite nach oben zwischen das Gemüse legen.
- Im Backofen etwa 20 Minuten garen. Das Fleisch sollte gar sein, das Gemüse eine goldgelbe Farbe haben.

---

10 **Brathähnchensalat** In einer Pfanne 2 EL Olivenöl erhitzen und 200 g geräucherte Speckstreifen bei mittlerer Hitze 3–4 Minuten darin braten. Auf einen Teller legen und warm halten. 400 g gegarte Kartoffeln, in Scheiben geschnitten, in der Pfanne in 4–5 Minuten goldgelb braten. In der Zwischenzeit von 1 kleinen Brathähnchen oder 4 Hähnchenschenkeln (jeweils gegart) das Fleisch abtrennen und mit 150 g Wintersalat (z. B. Feldsalat, Endivie, Chicoree) auf 4 Tellern anrichten. Speck und Kartoffeln auflegen und sofort mit einem Dressing nach Wahl servieren.

20 **Ofengemüse mit Hähnchenbrust** Den Backofen auf 230 °C vorheizen. 500 g Wintergemüse, z. B. Sprossen, Karotten oder Brokkoli, in eine große Bratform legen. 500 g kleine, geschälte und halbierte Kartoffeln hinzufügen. Mit 3 EL Olivenöl, 2 Thymianzweigen und reichlich Salz und frisch gemahlenem Pfeffer vermengen. Im Backofen 18 Minuten backen, dabei gelegentlich umrühren. In der Zwischenzeit in einer großen Pfanne 2 EL Olivenöl erhitzen und 4 gewürzte Hähnchenbrüste mit der Haut nach unten 8–10 Minuten darin braten. Das Fleisch wenden und weitere 3–5 Minuten braten. Wenn die aus dem Fleisch austretenden Bratensäfte klar sind, ist es gar. Das Hähnchen zum Ofengemüse servieren.

30 Fischpie mit Brunnenkresse

Für 4 Personen

750 g mehlig kochende Kartoffeln
2 Eier
400 ml Milch
50 g Mehl
100 g Butter
2 EL gehackte Petersilienblätter
25 g Brunnenkresse, grob gehackt
400 g weißes Fischfilet, in mundgerechte Stücke geschnitten
200 g geschälte rohe Riesengarnelen
3 EL Crème fraîche
75 g geriebener Cheddar
Salz und frisch gemahlener Pfeffer

- Den Backofen auf 220 °C vorheizen. Die Kartoffeln schälen und in mundgerechte Stücke schneiden. In leicht gesalzenem Wasser in 10–12 Minuten weich garen.
- In der Zwischenzeit die Eier in 8 Minuten hart kochen. Abgießen und kalt abschrecken. Sind sie kalt genug, pellen und klein schneiden.
- Milch, Mehl und die Hälfte der Butter in einen Topf geben und unter ständigem Rühren langsam zum Kochen bringen. Rühren, bis eine dicke, glatte Sauce entstanden ist. 1–2 Minuten weiterköcheln lassen, salzen und pfeffern und den Topf vom Herd ziehen.
- Petersilie und Brunnenkresse unterrühren. Fisch, Garnelen und Eier in die Sauce geben, mischen und in eine große Auflaufform füllen.
- Die Kartoffeln abgießen und mit Crème fraîche und der restlichen Butter pürieren. Nach Geschmack würzen, auf die Fischmischung geben und glatt streichen. Mit Käse bestreuen und im Backofen in 12–15 Minuten goldbraun backen. Der Fisch sollte dann gar sein. Mit einem grünen Salat servieren.

---

10 Fischfilet mit Bratkartoffeln In einer großen Pfanne 2 EL Olivenöl erhitzen und 800 g gegarte und in Scheiben geschnittene Kartoffeln vom Vortag darin bei mittlerer Hitze 8–10 Minuten leicht anbraten. In der Zwischenzeit in einer zweiten Pfanne 50 g Butter zerlassen und 4 gewürzte weiße Fischfilets 5–7 Minuten braten, dabei einmal wenden. 200 g Sauce Hollandaise (FP) zugeben und 1–2 Minuten erhitzen, 1 Handvoll Brunnenkresse unterrühren. Das Fischfilet mit den Bratkartoffeln und einem grünen Salat servieren.

20 Fisch-Garnelen-Gratin Den Backofengrill auf mittlerer Stufe vorheizen. 250 g Sahne mit 3 EL mittelscharfem Senf und 1 TL Speisestärke in einem kleinen Topf verquirlen. Unter Rühren aufkochen, dann bei geringer Temperatur 4–5 Minuten köcheln lassen. Mit frisch gemahlenem Pfeffer, Salz und ½ TL Zucker abschmecken. 400 g in mundgerechte Stücke zerteiltes weißes Fischfilet, 200 g geschälte rohe Riesengarnelen und 2 EL gehackte Petersilienblätter in die Sauce geben und noch einmal 2–3 Minuten köcheln lassen, bis der Fisch gerade gar ist. Die Mischung in eine Auflaufform füllen. Mit 500 g gegarten, in Scheiben geschnittenen Kartoffeln belegen und 50 g in Würfel geschnittene Butter darauf verteilen. Zum Schluss mit 75 g geriebenem Cheddar bestreuen. Unter dem Grill in 7–8 Minuten goldbraun backen. Mit einem Brunnenkressesalat servieren.

20 Ofengnocchi mit Mascarpone und Tomaten

Für 2 Personen

50 g sonnengetrocknete Tomaten aus dem Glas, abgetropft und gehackt
50 g geröstete rote Paprika aus dem Glas, abgetropft
3 EL geriebener Parmesan
125 g Mascarpone
1 EL gehackte Basilikumblätter
400 g Gnocchi
Salz und frisch gemahlener Pfeffer

- Den Backofengrill auf mittlerer Stufe vorheizen. Tomaten und Paprika in einen Küchenmixer geben und zu einer stückigen Paste verarbeiten. Das Ganze in eine Schüssel füllen und 1 EL vom Parmesan, Mascarpone und Basilikum sowie je 1 Prise Salz und Pfeffer unterrühren.
- Die Gnocchi in reichlich Salzwasser nach Packungsanleitung köcheln lassen, bis sie an der Oberfläche schwimmen. Abgießen und in 1 große oder 2 kleine Auflaufformen füllen.
- Gleichmäßig die Mascarponemischung darauf verteilen und mit dem restlichen Parmesan bestreuen. Unter dem Grill in 6–8 Minuten goldbraun backen. Vor dem Servieren leicht abkühlen lassen. Zusätzlichen Parmesan und einen Rucolasalat dazureichen.

---

10 Salatteller mit Gnocchi und Tomaten In einer großen Pfanne 1 EL Olivenöl erhitzen und 400 g frische Kartoffelgnocchi unter regelmäßigem Wenden in 6–7 Minuten darin knusprig braten. In der Zwischenzeit 75 g Rucolablätter mit 50 g fein gehackten getrockneten Tomaten, 50 g gerösteten und klein geschnittenen roten Paprika und 1 EL gehackten Basilikumblättern vermischen. Würzen. Das Ganze in 2 Pastateller geben und die Gnocchi darauflegen. Zum Servieren jeweils mit 1 Handvoll Parmesanhobeln bestreuen, mit etwas Olivenöl und Balsamicoessig beträufeln.

30 Tomaten-Gnocchi-Auflauf mit Mascarpone Den Backofen auf 200 °C vorheizen. In einer Pfanne 1 EL Olivenöl erhitzen und 2 gehackte Schalotten und 1 gehackte Knoblauchzehe bei mittlerer Temperatur darin in 3–4 Minuten knapp weich dünsten. 400 g halbierte Kirschtomaten, 100 g gehackte getrocknete Tomaten und 100 g klein geschnittene geröstete rote Paprika zugeben und 5–6 Minuten köcheln lassen, bis die Mischung leicht eingedickt ist. Dann 125 g Mascarpone einrühren. 400 g frische Gnocchi und 1 EL gehackte Basilikumblätter hinzufügen, aufkochen und würzen. In eine Auflaufform füllen und mit 2 EL geriebenem Parmesan bestreuen. Im Backofen in ca. 15 Minuten goldbraun backen.

10 Zwiebel-Käse-Toast

Für 4 Personen

4 große Scheiben Sauerteigbrot, leicht getoastet
6 EL Zwiebelchutney aus dem Glas
150 g Vierkäsesauce aus dem Kühlregal
150 g geriebener Cheddar
2 EL körniger Senf
2 Eigelb
Salz und frisch gemahlener Pfeffer

- Den Backofengrill auf mittlerer Stufe vorheizen. Die Brotscheiben mit dem Zwiebelchutney bestreichen.
- Die restlichen Zutaten in eine Schüssel geben und verrühren. Nach Geschmack würzen und die Mischung auf den Broten verteilen.
- Unter dem Grill 4–6 Minuten überbacken, bis der Käse goldgelb und zerlaufen ist. Dazu einen grünen Salat und Worcestersauce servieren.

---

20 Zwiebel-Käse-Pizza Den Backofen auf 200 °C vorheizen. In einer Pfanne 40 g Butter zerlassen und 2 in Ringe geschnittene Zwiebeln darin karamellisieren. 100 ml Milch mit 1 EL Sahne, 1 EL körnigem Senf, 250 g fein geriebenem Gruyère und 1 EL Schnittlauchröllchen in einem Topf verrühren. Unter ständigem Rühren erhitzen, bis der Käse geschmolzen ist. Die Zwiebeln untermischen. 400 g Pizzateig aus dem Kühlregal ausrollen und mit der Zwiebel-Käse-Paste bestreichen. Mit 1 in Ringe geschnittenen roten Zwiebel und 75 g entsteinten schwarzen Oliven belegen. Im Backofen in 12–15 Minuten knusprig backen. Mit einem gemischten Salat servieren.

30 Zwiebel-Käse-Taschen Den Backofen auf 220 °C vorheizen. In einer großen Pfanne 30 g Butter zerlassen und bei mittlerer Temperatur 1 klein geschnittene Zwiebel in 6–7 Minuten darin weich dünsten. In der Zwischenzeit 320 g Blätterteig aus dem Kühlregal ausrollen und in 4 gleich große Rechtecke schneiden. 150 g gekochte Kartoffeln würfeln und mit 125 g grob geriebenem Cheddar in eine Schüssel geben. 75 g zerbröckelten Stilton, 1 EL körnigen Senf, 2 EL gehackte Petersilienblätter, 1 gute Prise frisch gemahlenen Pfeffer und die weiche Zwiebel zugeben und verrühren. Die Mischung auf die 4 Teigrechtecke verteilen, die Ränder mit verquirltem Ei bestreichen und den Teig jeweils zu einer Tasche über der Füllung zusammenklappen. Die Ränder fest zusammendrücken. Die Taschen auf ein mit Backpapier belegtes Backblech legen und im Ofen 15–18 Minuten backen, bis der Teig aufgegangen ist und eine goldbraune Farbe angenommen hat.

30 Geflügelbällchen auf kreolische Art

Für 4 Personen

1 kg Süßkartoffeln
4 EL Pflanzenöl
1 kleine rote Zwiebel, in Scheiben geschnitten
1 rote Paprika, entkernt und in Streifen geschnitten
2 Knoblauchzehen, fein gehackt
4 TL Cajun-Gewürzmischung
700 g Passata (passierte Tomaten) aus dem Glas
1 Prise Zucker
Salz und frisch gemahlener Pfeffer
4 EL Sauerrahm zum Garnieren

Für die Fleischbällchen

500 g Geflügelhack
2 TL Cajun-Gewürzmischung
2 Frühlingszwiebeln, fein gehackt
50 g frische Semmelbrösel
2 EL gehackte Petersilienblätter

- Den Backofen auf 220 °C vorheizen. Die Süßkartoffeln in dünne Stifte schneiden, in eine Bratform geben, mit Salz und Pfeffer bestreuen und mit 2 EL Pflanzenöl vermengen. Im Backofen in 20–25 Minuten weich und goldbraun backen.
- In der Zwischenzeit die Zutaten für die Fleischbällchen in einer Schüssel vermischen, mit Salz und Pfeffer würzen. 20–24 Bällchen formen. In einer großen Pfanne 2 EL Pflanzenöl erhitzen und das Fleisch in 3–4 Minuten darin rundherum braun anbraten. Dabei die Pfanne gelegentlich etwas rütteln. Auf einem Teller beiseitestellen.
- In der Pfanne Zwiebeln, Paprika und Knoblauch in 7–8 Minuten weich dünsten und etwas Farbe annehmen lassen. Die Gewürzmischung einrühren und bei mittlerer Hitze 1 Minute köcheln lassen. Passierte Tomaten, Salz, Pfeffer und Zucker zugeben und die Sauce in 5–6 Minuten köchelnd eindicken lassen.
- Die Fleischbällchen in die Sauce legen und weitere 6–7 Minuten köcheln, bis die Bällchen gar sind und die Sauce eine sämige Konsistenz hat. Garniert mit einem Tupfer Sauerrahm auf Tellern anrichten. Dazu die Süßkartoffelsticks reichen.

---

10 **Geflügelburger auf kreolische Art** In einer Schüssel 500 g Geflügelhack, 2 TL Cajun-Gewürzmischung, 2 fein gehackte Frühlingszwiebeln, 50 g frische Semmelbrösel und 2 EL gehackte Petersilienblätter vermengen. Mit Salz und Pfeffer abschmecken. 4 Burger formen. In einer Pfanne 2 EL Olivenöl erhitzen und die Burger in 7–8 Minuten darin garen, dabei einmal wenden. In 4 warme Hamburgerbrötchen legen und mit würziger Salsa, Zwiebelscheiben oder Paprikastreifen servieren.

20 **Cajun-Fajitas mit Putenbrust** 400 g Putenbrustfilet in sehr dünne Scheiben schneiden. Mit 1 EL Cajun-Gewürzmischung in eine Schüssel geben und gut vermengen. In einer Pfanne 2 EL Pflanzenöl erhitzen und 1 in Scheiben geschnittene Zwiebel und 1 entkernte und gewürfelte rote Paprika 3–4 Minuten darin anbraten, bis das Gemüse leicht Farbe angenommen hat. Auf einen Teller legen und die Pfanne wieder erhitzen. Bei mittlerer Temperatur das Fleisch 6–7 Minuten darin braten. In der Zwischenzeit 4 große weiche Tortilla-Wraps (FP) nach Packungsanleitung erwärmen. Zwiebeln und Paprika wieder in die Pfanne geben und mit dem Fleisch mischen. Die Tortillas damit füllen und sofort mit einer würzigen Salsa und nach Belieben mit Jalapeño-Paprika servieren.

10 Hähnchen-Pilz-Reis

Für 4 Personen

50 g Butter
3 Frühlingszwiebeln, klein geschnitten
400 g Champignons, in Scheiben geschnitten
2 gebratene Hähnchenbrüste, in mundgerechte Stücke geschnitten
500 g gegarter Langkornreis oder Langkorn-Wildreis-Mischung
4 EL Crème fraîche
Salz und frisch gemahlener Pfeffer

- In einer großen Pfanne 50 g Butter zerlassen und die Frühlingszwiebeln und die Pilze bei mittlerer Hitze in etwa 3–4 Minuten darin weich dünsten. Hähnchen, Reis und Pilze zugeben. Dabei 1 kleine Handvoll Pilze zum Garnieren übriglassen. Das Ganze unter Rühren 3–4 Minuten erhitzen.
- Die Crème fraîche einrühren, würzen und unter Rühren 2 Minuten weiterbraten, bis alle Zutaten heiß sind. In flachen Schüsseln anrichten und mit den restlichen Pilzen bestreut sofort servieren.

---

20 Bratreis mit Hähnchen und Pilzen

350 g Basmatireis nach Packungsanleitung garen. In einer großen Pfanne oder einem Wok 2 EL Pflanzenöl erhitzen und 3 in Scheiben geschnittene Frühlingszwiebeln sowie 2 gehackte Knoblauchzehen 2–3 Minuten darin dünsten. 200 g gewürfelte braune Champignons und 600 g gebratenes, in mundgerechte Stücke zerkleinertes Hähnchenfleisch zugeben und unter Rühren in 3–4 Minuten weich braten. Bei höherer Temperatur den Reis und 100 g Erbsen hinzufügen. Unter Rühren 3–4 Minuten braten und abschmecken. In flachen Schüsseln mit Sojasauce servieren.

---

30 Hähnchenrisotto mit Wildpilzen

15 g getrocknete Pilze mit 1,2 l Hühnerbrühe in einen Topf geben. Zugedeckt etwa 10 Minuten köcheln lassen. In der Zwischenzeit in einer Pfanne 50 g Butter zerlassen und 1 fein gehackte Zwiebel sowie 2 gehackte Knoblauchzehen in 5–6 Minuten darin weich dünsten. 200 g gewürfelte braune Champignons hinzufügen und 2–3 Minuten mitgaren. 350 g Risottoreis zugeben und so lange einrühren, bis die Körner gleichmäßig mit Butter überzogen sind. Mit 125 ml trockenem Weißwein ablöschen. Die Mischung unter Rühren erhitzen, bis der Wein absorbiert wurde. Die eingeweichten Pilze abgießen, die Brühe wieder in den Topf geben und erhitzen. Die Brühe schöpflöffelweise zum Reis geben und so lange köcheln lassen, bis die Flüssigkeit aufgenommen wurde. Erst dann eine weitere Kelle Brühe zugeben. So etwa 17 Minuten lang fortfahren, bis der Reis al dente ist. Die Pilze grob hacken und unter den Risotto rühren. Mit geriebenem Parmesan servieren.

30 Wurstpizza mit Oliven

Für 2 Personen

200 g Mehl
2 TL Backpulver
½ TL Salz
½ TL frisch gemahlener schwarzer Pfeffer
1 TL getrockneter Oregano
2 kleine Eier, leicht verquirlt
4 EL Tomatenmark
1 EL Olivenöl
3–4 EL Milch
150 g dünn geschnittene Wurstscheiben, z. B. Salami, Schinken oder Knoblauchwurst
125 g Mozzarella, in dünne Scheiben geschnitten
50 g gemischte entsteinte Oliven
1 EL Chiliöl zum Beträufeln

- Den Backofen auf 200 °C vorheizen. Mehl und Backpulver in eine Schüssel sieben, Salz, Pfeffer und Oregano hinzufügen.
- Die Eier, die Hälfte des Tomatenmarks, 1 EL Olivenöl und so viel Milch zugeben, dass ein weicher Teig entsteht. Aus dem Teig 1 oder 2 ca. 1 cm dicke Teigkreise formen und auf ein Backblech legen.
- Das restliche Tomatenmark auf die Pizzaböden streichen und mit Wurst, Mozzarella und Oliven belegen. Im Backofen 10–15 Minuten backen. Der Boden sollte knusprig und der Käse geschmolzen sein. Mit Chiliöl beträufeln und in Stücke schneiden. Einen gemischten Salat dazureichen.

---

10 **Pitta-Pizza-Schlemmerei** Den Backofen auf 200 °C vorheizen. 2 EL Tomatenmark auf 2 große Pittabrote streichen. Mit 125 g in Scheiben geschnittenem Mozzarella, 150 g in Scheiben geschnittener Salami und 50 g halbierten gemischten Oliven ohne Stein belegen. Auf ein Backblech legen und im Ofen in 5–7 Minuten knusprig backen. In handliche Stücke schneiden und mit einem Salat servieren.

---

20 **Schinkenpizza aus der Pfanne** Den Backofengrill auf mittlerer Stufe vorheizen. In einer Schüssel 150 g Mehl mit ½ TL getrocknetem Oregano und 1 guten Prise Salz und frisch gemahlenem Pfeffer mischen. 75 ml warmes Wasser und 2 TL Olivenöl zugeben und die Zutaten zu einem glatten Teig verkneten. Den Teig so ausrollen, dass er in eine große Pfanne passt. Mit etwas Mehl bestäuben. Die Pfanne auf mittlere Temperatur erhitzen. Ist sie heiß, den Teig hineingeben und 10 Minuten darin garen, dabei einmal wenden. Dann sollte er goldbraun sein. 2 EL Passata (passierte Tomaten) aus dem Glas mit Salz und Pfeffer würzen und auf dem Pizzaboden verstreichen. Mit 125 g in Scheiben geschnittenem Mozzarella, 150 g in Streifen geschnittenem gekochtem Schinken und 50 g halbierten gemischten Oliven ohne Stein belegen. Die Pizza 3–5 Minuten unter den Grill stellen, dann sofort servieren.

20 Steak Stroganoff

Für 2 Personen
25 g Butter
1 ½ EL Olivenöl
2 Schalotten, fein gehackt
150 g braune Champignons, in Scheiben geschnitten
2 TL edelsüßes Paprikapulver
150 g Sauerrahm
1 TL grüne Pfefferkörner, abgespült und abgetropft
2 Sirloinsteaks (je ca. 200–250 g)
Salz und frisch gemahlener Pfeffer
1–2 EL gehackte Petersilienblätter zum Garnieren

- In einer Pfanne die Butter mit 1 EL Olivenöl erhitzen und die Schalotten bei mittlerer Temperatur in 3–4 Minuten darin weich dünsten. Die Pilze zugeben und 3–4 Minuten darin braten, bis sie weich sind und eine goldbraune Farbe haben.
- Das Paprikapulver 1 Minute lang mit andünsten, dann Sauerrahm und Pfefferkörner einrühren. Nach Geschmack würzen und das Ganze in 2–3 Minuten leicht eindicken lassen.
- In der Zwischenzeit in einer großen Pfanne ½ EL Olivenöl erhitzen und die Steaks darin je nach Geschmack 4–8 Minuten braten, dabei einmal wenden. 2–3 Minuten ruhen lassen und die Bratensäfte zur Sauce hinzufügen.
- Die Steaks auf Tellern anrichten und mit der Sauce und gekochtem Reis servieren. Mit Petersilie bestreuen.

---

10 **Rindergeschnetzeltes mit Pilzen** In einer großen Pfanne 2 EL Olivenöl erhitzen und 250 g in dünne Streifen geschnittenes Rindfleisch bei hoher Temperatur in 2–3 Minuten darin braun anbraten. Beiseitestellen. 25 g Butter in der Pfanne zerlassen und 150 g in Scheiben geschnittene Champignons und 1 gehackte Knoblauchzehe in 2–3 Minuten darin weich braten. Mit 2 TL edelsüßem Paprikapulver bestreuen und das Gewürz 1 Minute lang einrühren. 150 g Sauerrahm zugeben, 1 Minute köcheln lassen und nach Geschmack würzen. Das Fleisch zum Erhitzen wieder in die Pfanne geben. Mit 2 EL gehackten Petersilienblättern bestreuen und mit Reis servieren.

30 **Rindfleisch-Pilz-Pfanne Stroganoff** In einer großen Pfanne 2 EL Pflanzenöl erhitzen und 250 g in Scheiben geschnittenes Sirloinsteak bei großer Hitze in 3–4 Minuten darin braun anbraten. Auf einem Teller beiseitestellen. 25 g Butter in die Pfanne geben und 1 fein gehackte Zwiebel und 1 entkernte, klein geschnittene grüne Paprika 5–6 Minuten darin dünsten. 150 g halbierte kleine Champignons und 1 gehackte Knoblauchzehe zugeben und weitere 3–4 Minuten garen. 2 TL edelsüßes Paprikapulver und 2 TL Mehl einrühren, 1 Minute kochen lassen, dann 3 EL trockenen Sherry zugeben und köcheln lassen, bis die Flüssigkeit vollständig aufgenommen wurde. 150 g Sauerrahm einrühren, mit Salz und frisch gemahlenem Pfeffer würzen und 2 EL gehackte Petersilienblätter zugeben. Aufkochen, Fleisch in die Pfanne legen und in 2–3 Minuten mitköcheln. Mit 2 EL gehackten Petersilienblättern garnieren. Dazu Reis reichen.

20 Hähnchen-Salami-Pasta auf Cacciatore-Art

Für 4 Personen

3 EL Olivenöl
1 rote Zwiebel, in dünne Scheiben geschnitten
2 Knoblauchzehen, gehackt
400 g Hähnchenbrust
90 g Salami in Scheiben
125 ml Rotwein
1 EL gehackte Rosmarinnadeln
800 g Kirschtomaten, halbiert
75 g grüne Oliven ohne Stein
400 g Pasta, z. B. Fusilli
Salz und frisch gemahlener Pfeffer

- In einer großen Pfanne 3 EL Olivenöl erhitzen und Zwiebeln und Knoblauch bei mittlerer Hitze in 4–5 Minuten darin fast weich dünsten. Das Hähnchenfleisch in dünne Streifen schneiden und mit der Salami in die Pfanne geben. Weitere 3–4 Minuten braten, bis das Fleisch eine goldbraune Farbe angenommen hat.
- Den Wein zugießen und so lange erhitzen, bis er nahezu verkocht ist. Rosmarin, Tomaten und Oliven hinzufügen und das Ganze 8–10 Minuten köchelnd eindicken lassen. Nach Geschmack würzen.
- In der Zwischenzeit die Nudeln in reichlich Salzwasser nach Packungsanleitung al dente garen. Abgießen und in tiefen Tellern anrichten, die Sauce daraufgeben und servieren.

---

10 Hähnchen-Salami-Ciabatta auf Cacciatore-Art In einer Pfanne 2 EL Olivenöl erhitzen und 400 g Mini-Hähnchenschnitzel bei mittlerer Temperatur in 8 Minuten darin goldbraun braten. Auf einem Teller beiseitestellen. In der Zwischenzeit 1 großes Ciabattabrot in 8 Scheiben schneiden. Jeweils 4 Scheiben mit 90 g Salamischeiben belegen. 150 g Kirschtomaten, 50 g grüne Oliven ohne Stein und 1 kleine in Scheiben geschnittene rote Zwiebel auf der Salami verteilen. Mit Hähnchenfleisch und 1 Handvoll Rucolablättern belegen. Mit jeweils einer zweiten Scheibe Brot bedecken und sofort servieren.

30 Hähnchen-Salami-Cacciatore aus dem Ofen In einer großen Pfanne 3 EL Olivenöl erhitzen und 1 in Scheiben geschnittene rote Zwiebel und 2 gehackte Knoblauchzehen in 4–5 Minuten darin fast weich dünsten.125 ml Rotwein zugeben und so lange erhitzen, bis er nahezu verkocht ist. 1 EL gehackte Rosmarinnadeln und 800 g halbierte Kirschtomaten hinzufügen und 8–10 Minuten köcheln lassen. In der Zwischenzeit den Backofen auf 220 °C vorheizen. 4 Hähnchenbrustfilets ohne Haut und Knochen zwischen 2 Stücke Frischhaltefolie legen und mit einer Teigrolle etwas flacher rollen. In einer großen Pfanne 2 EL Olivenöl erhitzen und das Fleisch bei mittlerer Temperatur 5–6 Minuten darin braten, dabei einmal wenden. In eine große Auflaufform legen, 90 g in Scheiben geschnittene Salami und 75 g grüne Oliven ohne Stein hinzufügen. Die Sauce darübergießen und das Ganze im Backofen etwa 15 Minuten backen, bis das Fleisch gar ist. Zu gekochten Nudeln servieren.

10 Fischschnitzel mit Zitronenaroma

Für 2 Personen
50 g Semmelbrösel
1 EL getrocknete Petersilienblätter
fein abgeriebene Schale von 1 unbehandelten Zitrone
1 Ei
2 EL Mehl
2 dünne weiße Fischfilets, z. B. Scholle oder Schellfisch
3 EL Olivenöl
Salz und frisch gemahlener Pfeffer

- Semmelbrösel, Petersilie und Zitronenschale in einer flachen Schüssel mischen. Das Ei in einem Teller leicht verquirlen. Das Mehl auf einen weiteren Teller geben, mit Salz und Pfeffer würzen und gut vermischen.
- Die Fischfilets zuerst durch das Mehl ziehen, dann durch das verquirlte Ei. Zum Schluss in den Semmelbröseln wälzen und die Panade gut andrücken.
- In einer großen Pfanne 3 EL Olivenöl erhitzen und den Fisch bei mittlerer Temperatur von jeder Seite darin in 2–3 Minuten knusprig und goldbraun braten. Auf Küchenpapier abtropfen lassen und noch heiß mit Remoulade, Zitronenspalten und Erbsen servieren.

---

20 Fischstäbchen mit Zitrone Den Backofen auf 200 °C vorheizen. 50 g Semmelbrösel, 1 EL getrocknete Petersilienblätter und die fein abgeriebene Schale von 1 unbehandelten Zitrone in einer flachen Schüssel mischen. In einem Teller 1 Ei leicht verquirlen. 2 EL Mehl auf einen weiteren Teller geben, mit Salz und Pfeffer würzen und mischen. 2 dickere Stücke Fischfilet in Streifen schneiden und durch das Mehl, dann durch das Ei ziehen und zum Schluss in den Semmelbröseln wälzen. Auf ein mit Backpapier bedecktes Backblech legen und im Backofen in 15 Minuten goldbraun backen. Die Stäbchen mit Bratkartoffeln, Zitronenspalten und Remoulade servieren.

---

30 Fish and Chips Den Backofen auf 220 °C vorheizen. 400 g festkochende Kartoffeln in Stifte schneiden und in eine Bratform legen. 2 EL Olivenöl sowie Salz und frisch gemahlenen Pfeffer zugeben und gut vermengen. Im Ofen in 20–25 Minuten goldgelb und knusprig backen. In der Zwischenzeit 50 g Semmelbrösel, 1 EL getrocknete Petersilienblätter und die fein abgeriebene Schale von 1 unbehandelten Zitrone in einer flachen Schüssel mischen. In einem Teller 1 Ei leicht verquirlen. 2 EL Mehl auf einen weiteren Teller geben, mit Salz und Pfeffer würzen und mischen. 2 dicke Stücke weißes Fischfilet zuerst durch das Mehl, dann durch das Ei und zum Schluss durch die Semmelbrösel ziehen. In einer Pfanne 2 EL Olivenöl erhitzen und die Fischstücke in 7–8 Minuten darin goldbraun braten, dabei einmal wenden. Auf Küchenpapier abtropfen lassen, dann mit den selbst gemachten Chips auf Tellern anrichten und mit Remoulade und Zitronenspalten servieren.

30 Ricotta-Cannelloni mit Schinken

Für 4 Personen

3 EL Olivenöl
2 Knoblauchzehen, gehackt
2 Dosen gehackte Tomaten (je 400 g)
2 EL Tomatenmark
1 Prise Zucker
2 EL gehackte Basilikumblätter
250 g Ricotta
150 g Kochschinken, gewürfelt
300 g eingelegte Pilze, abgetropft und klein geschnitten
fein abgeriebene Schale von 1 unbehandelten Zitrone
250 g Cannelloni
125 g geriebener Cheddar
Salz und frisch gemahlener Pfeffer

- Den Backofen auf 220 °C vorheizen. In einer großen Pfanne 3 EL Olivenöl erhitzen und den Knoblauch in 1 Minute darin weich dünsten. Tomaten, Tomatenmark, Zucker, Basilikum und jeweils 1 gute Prise Salz und Pfeffer zugeben und das Ganze in 5–7 Minuten köchelnd zu einer Sauce eindicken lassen.
- In der Zwischenzeit Ricotta, Schinken, Pilze und Zitronenschale in einen Topf geben und langsam erwärmen. Die Mischung in die Cannelloni füllen.
- Die Hälfte der Tomatensauce in eine Auflaufform gießen, die Cannelloni darauflegen. Mit der restlichen Sauce bedecken. Mit dem geriebenen Käse bestreuen und im Backofen etwa 18–20 Minuten backen, bis die Cannelloni weich sind und eine goldbraune Kruste haben.

---

10 **Schinken-Ricotta-Pancakes** Den Backofengrill auf mittlerer Stufe vorheizen. In einer Pfanne 2 EL Butter zerlassen und 200 g in Scheiben geschnittene Champignons darin andünsten. 250 g Ricotta, 150 g gewürfelten Schinken, 1 EL gehackte Basilikumblätter sowie Salz und frisch gemahlenen Pfeffer zugeben und bei mittlerer Hitze unter Rühren erwärmen. Die Mischung auf 8 Pfannkuchen (FP) geben, diese falten und in eine Auflaufform legen. Mit 100 g geriebenem Cheddar bestreuen. Die Pancakes unter dem Grill 2–3 Minuten braten, bis der Käse geschmolzen ist. Dazu knuspriges Brot und einen grünen Salat reichen.

---

20 **Penne mit Ricotta und Schinken** 400 g Penne nach Packungsanleitung al dente garen. Abgießen, 2 EL der Kochflüssigkeit auffangen. In der Zwischenzeit in einer großen Pfanne 50 g Butter zerlassen, 3 gehackte Schalotten und 2 gehackte Knoblauchzehen 3–4 Minuten darin weich dünsten. 200 g in Scheiben geschnittene Champignons zugeben und weitere 3–4 Minuten garen. 150 g gewürfelten Kochschinken, 250 g Ricotta, 150 g Sahne, 1 TL Zitronensaft und 2 EL gehackte Basilikumblätter hinzufügen. Würzen und zum Kochen bringen. Die Nudeln mit der Kochflüssigkeit einrühren, auf Tellern anrichten und sofort servieren.

10 Cottagepie mit Erbsen

Für 4 Personen
2 EL Olivenöl
1 Zwiebel, gehackt
2 Karotten, fein gewürfelt
100 g Erbsen
1 EL Tomatenmark
250 g Rindersteak, gewürfelt
300 ml Rinderbrühe
2 TL Worcestersauce
1 TL Thymianblättchen

- In einem großen Topf 2 EL Olivenöl erhitzen und bei mittlerer Temperatur die Zwiebeln in 5–6 Minuten darin weich dünsten.
- In der Zwischenzeit die Karotten in Salzwasser in 5–6 Minuten weich kochen, 2 Minuten vor Ende der Garzeit die Erbsen hinzufügen. Abgießen.
- Tomatenmark, Rindfleisch, Brühe, Worcestersauce und Thymian zu den Zwiebeln geben, dann Karotten und Erbsen unterrühren. Das Ganze 2 Minuten köcheln lassen, bis es eine sämige Konsistenz hat. Zu Kartoffelrösti servieren.

---

20 Bohnenpie mit Kartoffelpüree 600 g Kartoffeln schälen und würfeln. 14–16 Minuten in Salzwasser weich kochen. Abgießen, 100 ml Milch hinzufügen und zu Püree verarbeiten. Mit einer Prise geriebener Muskatnuss und Salz abschmecken. In der Zwischenzeit den Backofengrill auf mittlerer Stufe vorheizen. In einem großen Topf 2 EL Olivenöl erhitzen und 1 gehackte Zwiebel darin weich dünsten. 2 fein gewürfelte Karotten in Salzwasser in 5–6 Minuten weich kochen. Abgießen. 1 EL Tomatenmark zu den Zwiebeln geben. Dann 250 g gewürfeltes Rindersteak, 300 ml Rinderbrühe, 2 TL Worcestersauce, die Karotten sowie 1 Dose Kidneybohnen (400 g) zugeben. Das Ganze 2 Minuten sämig einkochen lassen. In 4 kleine Auflaufformen geben und mit dem Kartoffelpüree auffüllen. Unter dem Grill in 6–7 Minuten goldbraun backen

30 Cottagepie mit Käse-Pastinaken-Mus Je 350 g gewürfelte Pastinaken und Kartoffeln in reichlich Salzwasser in 10–12 Minuten knapp weich garen. Abgießen und mit 75 g geriebenem Cheddar, 50 g Butter und 1 EL Schnittlauchröllchen pürieren und würzen. In der Zwischenzeit den Backofengrill auf mittlerer Stufe vorheizen. In einer großen Pfanne 3 EL Olivenöl erhitzen und 1 gehackte Zwiebel, 1 fein gewürfelte Karotte, 1 in Scheiben geschnittene Porreestange und 100 g gewürfelte braune Champignons 7–8 Minuten darin dünsten. Bei größerer Hitze 500 g Rinderhack zugeben und in 2–3 Minuten braun anbraten. Bei reduzierter Temperatur 1 EL Mehl und 2 EL Tomatenmark einrühren. Mit 300 ml Rinderbrühe ablöschen, 2 TL Worcestersauce und 1 TL Thymianblättchen zugeben. 4–5 Minuten köcheln lassen, bis das Ganze eingedickt ist. In eine große Auflaufform füllen und mit dem Käse-Pastinaken-Kartoffel-Püree bestreichen. Unter dem Grill in 6–8 Minuten goldbraun backen.

30 Fetahähnchen mit Spitzpaprika

Für 4 Personen
200 g Feta, zerbröckelt
1 rote Chili, entkernt und fein gehackt
2 TL abgespülte Kapern
fein abgeriebene Schale von 1 unbehandelten Zitrone
70 g entsteinte Oliven, in Scheiben geschnitten
2 EL gehackte Petersilienblätter
2 EL Olivenöl
4 Hähnchenbrüste mit Haut
1 unbehandelte Zitrone, in Spalten geschnitten
2 Spitzpaprika, längs halbiert und entkernt
250 g Couscous
Salz und frisch gemahlener Pfeffer

- Den Backofen auf 220 °C vorheizen. Den Feta in eine kleine Schüssel geben und Chili, Kapern, Zitronenschale, Oliven, Petersilie und 1 EL Olivenöl zugeben. Mit Salz und Pfeffer würzen und vermengen.
- In jede Hähnchenbrust seitlich eine Tasche schneiden und mit der Hälfte der Fetamischung füllen. Die Hähnchenbrust mit der Hautseite nach oben in eine Auflaufform legen. Zitronenspalten und Spitzpaprika hinzufügen.
- Das Fleisch mit 1 EL Olivenöl beträufeln und im Backofen etwa 20 Minuten braten, bis es gar ist und eine goldbraune Farbe angenommen hat.
- In der Zwischenzeit den Couscous nach Packungsanleitung zubereiten. Mit einer Gabel auflockern und die restliche Fetamischung unterrühren. Auf Tellern anrichten und mit der gefüllten Hähnchenbrust, den gerösteten Paprika und den Zitronenspalten servieren.

---

10 Hähnchenwrap mit Feta 300 g gegarte, in Scheiben geschnittene Hähnchenbrust in eine große Schüssel legen und 200 g zerbröckelten Feta, 1 entkernte und fein gehackte Chili, 1 TL abgespülte Kapern, 70 g in Scheiben geschnittene Oliven und 2 EL gehackte Petersilienblätter hinzufügen. Mit 1 EL Olivenöl, 2 TL Zitronensaft, 70 g Rucola und je 1 Prise Salz und frisch gemahlenem Pfeffer vermischen. Das Ganze auf 4 großen weichen Tortillas-Wraps (FP) verteilen. Die Tortillas aufrollen und in einer heißen Grillpfanne unter Wenden 4–5 Minuten braten. Diagonal halbieren und mit einem gemischten Salat servieren.

20 Hähnchen mit Feta und Kapern aus der Pfanne 4 Hähnchenbrüste ohne Haut zwischen 2 Stücke Frischhaltefolie legen und mit einer Teigrolle flach rollen. Das Fleisch in eine große Schüssel geben, 1 entkernte und fein gehackte Chili, 2 EL gehackte Petersilienblätter und die fein abgeriebene Schale von 1 unbehandelten Zitrone hinzufügen. Mit 1 EL Olivenöl beträufeln und mit je 1 Prise Salz und frisch gemahlenem Pfeffer bestreuen und gut vermischen. In einer großen Pfanne 2 EL Olivenöl erhitzen und das Fleisch bei mittlerer Temperatur in 7–8 Minuten darin goldbraun garen, dabei einmal wenden. Auf Tellern anrichten. Mit 200 g zerbröckeltem Feta und 2 TL abgespülten Kapern bestreuen. Mit Olivenöl und 1 Spritzer Zitronensaft beträufeln und mit Couscous servieren.

10 Wurst-Salsa-Sandwich

Für 4 Personen

2 EL Olivenöl
4 Chorizo (würzige spanische Wurst)
4 Ciabattabrötchen, halbiert

Für die Salsa

12 kleine Pflaumentomaten, geviertelt
1 Avocado, geschält, entsteint und gewürfelt
2 EL gehackte Korianderblätter
2 Frühlingszwiebeln, klein geschnitten
2 TL Zitronensaft
2 EL Olivenöl
Salz und frisch gemahlener Pfeffer

- In einer großen Pfanne 2 EL Olivenöl erhitzen. Die Wurst in dicke Scheiben schneiden und bei mittlerer Temperatur 7–8 Minuten unter häufigem Wenden braten.
- In der Zwischenzeit die Zutaten für die Salsa in eine Schüssel geben und abschmecken.
- Eine Grillpfanne erhitzen und die Brötchen mit der Schnittfläche nach unten darin rösten, bis sie Grillstreifen haben.
- In jedes Brötchen Wurst und Salsa geben und servieren.

---

20 **Hotdogs mit Wurst und Zwiebelsalsa** In einer Pfanne 2 EL Olivenöl erhitzen und 8 Chorizo (würzige spanische Wurst) darin 7–8 Minuten garen. In der Zwischenzeit in einer zweiten großen Pfanne weitere 2 EL Öl erhitzen und 2 in dünne Scheiben geschnittene Zwiebeln bei mittlerer Hitze etwa 8–12 Minuten darin dünsten, bis sie weich sind und eine goldbraune Farbe haben. 1 entkernte und fein gehackte rote Chili 4–5 Minuten vor Ende der Garzeit zugeben. 2 EL gehackte Korianderblätter und 2 entkernte, gewürfelte Tomaten sowie Salz und frisch gemahlenen Pfeffer einrühren. Die Zwiebelsalsa in 4 große längliche Brötchen füllen, mit der Wurst belegen und heiß servieren.

---

30 **Wurstrollen mit Salsa** Den Backofen auf 200 °C vorheizen. 450 g Bratwurstbrät in eine Schüssel geben, 1 entkernte und fein gehackte Chili, 2 fein gehackte Frühlingszwiebeln und 2 EL gehackte Korianderblätter zugeben und das Ganze mit den Händen vermengen. Aus der Mischung 8 dünne Würste rollen. 320 g Blätterteig aus dem Kühlregal ausrollen und in 8 gleich große Rechtecke schneiden. Jeweils 1 Wurst auf ein Rechteck legen, aufrollen und halbieren, sodass 16 kleine Wurstrollen entstehen. Die Rollen auf ein Backblech legen, jeweils dreimal einschneiden und mit verquirltem Ei bestreichen. Im Backofen 15–18 Minuten backen, bis die Wurst gar und der Teig aufgegangen ist. In der Zwischenzeit aus 12 kleinen geviertelten Pflaumentomaten, 1 gewürfelten Avocado, 2 EL gehackten Korianderblättern, 2 klein geschnittenen Frühlingszwiebeln, 2 TL Zitronensaft, 2 EL Olivenöl sowie Salz und frisch gemahlenem Pfeffer eine Salsa bereiten. Zu den Wurstrollen servieren.

20 Tagliatelle mit Fleischbällchen

Für 4 Personen

2 EL Olivenöl
200 g geräucherter Speck
6 grobe Bratwürste (ca. 500 g) ohne Pelle
1 rote Zwiebel, fein gehackt
2 Knoblauchzehen, zerdrückt
100 ml Rotwein
500 g Passata (passierte Tomaten) aus dem Glas
3 EL rotes Pesto
700 g frische Tagliatelle
Salz und frisch gemahlener Pfeffer
2 EL geriebener Parmesan zum Bestreuen

- In einer großen Pfanne 2 EL Olivenöl erhitzen. Den Speck würfeln und bei mittlerer Temperatur in 2–3 Minuten darin goldbraun braten. In der Zwischenzeit aus dem Wurstbrät 24 Bällchen formen und in der Pfanne weitere 2–3 Minuten anbraten, dabei die Pfanne ab und zu leicht rütteln.
- Zwiebeln und Knoblauch hinzufügen und in 3–4 Minuten unter gelegentlichem Rühren weich braten. Den Wein zugießen und 1 Minute stark köcheln lassen, bis dieser um die Hälfte eingekocht ist. Passierte Tomaten und Pesto einrühren, etwas Salz und Pfeffer zugeben. In 7–8 Minuten köchelnd eindampfen lassen.
- In der Zwischenzeit die Tagliatelle in reichlich Salzwasser nach Packungsanleitung al dente garen. Abgießen und in 4 tiefen Tellern anrichten.
- Die Fleischbällchen darauflegen und mit geriebenem Parmesan bestreuen.

---

10 **Fleischbällchen auf Spaghetti** 700 g frische Spaghetti in kochendem Wasser nach Packungsanleitung al dente garen. In einer Pfanne 2 EL Pflanzenöl erhitzen und 1 gehackte Zwiebel und 2 gehackte Knoblauchzehen bei mittlerer Temperatur 5–6 Minuten darin braten. In der Zwischenzeit 400 g gegarte Fleischbällchen halbieren. Mit 500 g Passata (passierten Tomaten) aus dem Glas und 2 EL rotem Pesto in die Pfanne geben, aufkochen und 1–2 Minuten köcheln lassen. Mit den Spaghetti servieren.

30 **Wurstragout mit Makkaroni** Den Backofen auf 220 °C vorheizen. In einer großen Pfanne 2 EL Pflanzenöl erhitzen und 1 fein gehackte rote Zwiebel und 2 gehackte Knoblauchzehen bei mittlerer Temperatur in 3–4 Minuten darin fast weich dünsten. Bei größerer Hitze das Wurstbrät von 6 groben Bratwürsten zugeben, 3–4 Minuten garen und dabei das Brät auseinanderdrücken. 100 ml Rotwein zugießen, in 1 Minute köchelnd um die Hälfte einkochen, dann 500 g Passata (passierte Tomaten) aus dem Glas und 2 EL rotes Pesto einrühren. 2–3 Minuten köchelnd etwas eindicken lassen. In der Zwischenzeit 500 g Makkaroni in reichlich Salzwasser nach Packungsanleitung al dente garen. Abgießen und in eine große Auflaufform geben. Das Wurstragout darauf verteilen, mit 125 g Mozzarella in Scheiben belegen, mit 1 Prise getrocknetem Oregano bestreuen und mit 2 TL Olivenöl beträufeln. Im Backofen in 15 Minuten goldbraun backen.

30 Lamm-Auberginen-Auflauf

Für 4–6 Personen
350 g Penne oder Rigatoni
3 EL Olivenöl
1 Zwiebel, fein gehackt
2 Knoblauchzehen, gehackt
500 g mageres Lammhack
2 EL Tomatenmark
½ TL gemahlener Zimt
2 Dosen gehackte Tomaten (je 400 g)
200 g geröstete Auberginen, abgetropft und grob zerkleinert
2 EL gehackte Petersilienblätter
50 g geriebener Parmesan
Salz und frisch gemahlener Pfeffer

Für die Käsesauce
50 g Butter
1 große Zwiebel, fein gehackt
¼ TL Cayennepfeffer
300 g Crème fraîche
200 g geriebener Gruyère

- Die Nudeln in reichlich Salzwasser nach Packungsanleitung al dente garen und abgießen.
- In der Zwischenzeit in einer großen, tiefen Pfanne 3 EL Olivenöl erhitzen und Zwiebeln und Knoblauch in 5–6 Minuten darin weich dünsten. Das Hackfleisch zugeben und in 2–3 Minuten unter gelegentlichem Rühren braun anbraten.
- Tomatenmark und Zimt 1 Minute lang einrühren, dann Tomaten, Auberginen und Petersilie zugeben und würzen. In 10 Minuten köchelnd eindicken lassen.
- Den Backofengrill auf mittlerer Stufe vorheizen. Für die Käsesauce in einem großen Topf 50 g Butter erhitzen und Zwiebeln in 6–7 Minuten bei mittlerer Hitze darin weich dünsten, dabei gelegentlich umrühren. Cayennepfeffer sowie Crème fraîche und geriebenen Käse einrühren, bis dieser vollständig geschmolzen ist.
- Die Fleisch-Gemüse-Mischung in eine Auflaufform füllen und mit den Nudeln bedecken. Die Käsesauce darübergießen und mit Parmesan bestreuen. Unter dem Grill in 7–8 Minuten goldbraun backen.

---

10 **Lamm-Auberginen-Salat** Den Backofengrill auf mittlerer Stufe vorheizen. 8–12 Lammkoteletts mit 2 EL Olivenöl bestreichen, mit 1 EL getrocknetem Oregano, Salz und Pfeffer bestreuen. Unter dem Grill 5–7 Minuten backen, dabei einmal wenden. 5 Tomaten in Stücke schneiden und in eine Schüssel geben. 200 g grob zerkleinerte geröstete Auberginen, 70 g entsteinte Oliven, 200 g gewürfelten Feta und ½ in Scheiben geschnittene rote Zwiebel hinzufügen. Mit den Koteletts servieren.

20 **Nudeltopf mit Lamm und Auberginen** Den Backofengrill auf mittlerer Stufe vorheizen. In einer Pfanne 2 EL Olivenöl erhitzen und 500 g Lammhack in 6–7 Minuten unter Rühren darin braun anbraten. In der Zwischenzeit 400 g Penne nach Packungsanleitung al dente kochen. 400 g Passata (passierte Tomaten) aus dem Glas in die Pfanne geben. 70 g zerteilte schwarze Oliven ohne Stein, 200 g abgetropfte und in Scheiben geschnittene geröstete Auberginen und 150 g zerbröckelten Feta einrühren und abschmecken. Das Ganze mit den Nudeln vermengen und in 4–6 flache Auflaufformen füllen. 300 g Crème fraîche darauf verteilen. Mit 50 g geriebenem Parmesan bestreuen und unter dem Grill in 3–4 Minuten goldbraun backen.

Quick Winter Warmers

Winterdesserts & süße Leckereien

Rezepte nach Zubereitungszeit

30

20

10

20 Apfel-Ingwer-Crumble

Für 6 Personen
125 g brauner Zucker
150 g weiche Butter
3 Eier
15 g eingelegter Ingwer in Sirup, abgetropft und fein gehackt
1 TL gemahlener Ingwer
150 g Mehl
2 TL Backpulver
1 Apfel

Für die Streusel
60 g Weizenmehl
20 g Zucker
1 TL Vanillezucker
30 g weiche Butter

- Den Backofen auf 190 °C vorheizen. Die 12 Mulden einer Muffinform leicht fetten und mit Papierförmchen auslegen.
- Zucker, Butter, Eier, eingelegten Ingwer, Ingwerpulver, Mehl und Backpulver in eine Schüssel geben und gut vermischen. Den Apfel schälen, entkernen und grob reiben. Mit den anderen Teigzutaten verarbeiten.
- Den Teig in die Muffinform geben. Für die Streusel die Zutaten miteinander verkneten und in feinen Streuseln auf dem Teig verteilen.
- Im Backofen 12–15 Minuten backen. Auf einem Kuchengitter kurz abkühlen lassen und noch warm servieren.

---

10 **Apfel-Ingwer-Smoothie** 500 ml Apfelsaft in den Rührbecher eines Mixers geben. 15 g gehackten eingelegten Ingwer, 2 EL Ingwersirup aus dem Glas, 2 grob in Scheiben geschnittene Bananen und 10 Eiswürfel zugeben. Das Ganze zu einem Smoothie verarbeiten und in einen Krug gießen. Für 6 Portionen die gleiche Menge noch einmal zubereiten.

30 **Apfel-Ingwer-Muffins** Den Backofen auf 180 °C vorheizen. 250 g Mehl mit 1 TL gemahlenem Ingwer, 1 TL Backpulver, 1 TL Backnatron und 1 Prise Salz vermischen und in eine große Schüssel sieben. 100 g braunen Zucker unterrühren. In einer zweiten Schüssel 2 große Eier aufschlagen. 15 g fein gehackten eingelegten Ingwer, 1 EL Ingwersirup aus dem Glas, 200 ml Buttermilch, 50 g zerlassene und wieder abgekühlte Butter und 1 geschälten, entkernten und geriebenen Apfel hinzufügen. Das Ganze vermengen und zu den trockenen Zutaten geben. Zu einem Teig verrühren. Eine Muffinform mit 12 Mulden fetten oder mit Papierförmchen auslegen. Den Teig in die Mulden füllen und mit 2 EL Haferflocken bestreuen. Im Backofen in 18–20 Minuten goldbraun backen. Auf einem Kuchengitter etwas abkühlen lassen und noch warm servieren.

10 Obstsalat mit winterlichem Zimtaroma

Für 4 Personen

2 Blutorangen
1 Apfel, entkernt und in Scheiben geschnitten
400 g Ananasstücke
75 g Trockenfeigen, in Scheiben geschnitten
100 g Granatapfelkerne zzgl. etwas zum Garnieren
2 EL dunkler Rum
1 EL flüssiger Honig
1 Prise gemahlener Zimt
50 g Walnusshälften, grob gehackt

- Die Orangen auf ein Schneidbrett legen, zunächst oben und unten eine Scheibe abschneiden, dann die ganze Frucht schälen. Dabei auch die weiße Haut entfernen. Das Fruchtfleisch aus den Häuten lösen und in einzelne Segmente teilen. Den Saft dabei auffangen.
- Die Orangenstücke in eine Salatschüssel legen und vorsichtig mit dem restlichen Obst mischen. Auch die Granatapfelkerne hinzufügen, dabei aber 1 kleine Handvoll zum Garnieren beiseitelegen.
- Den Rum mit Honig, Zimt und dem aufgefangenen Orangensaft mischen. Über den Salat träufeln und vorsichtig mit den Zutaten vermengen. Zum Servieren mit den restlichen Granatapfelkernen und mit Walnüssen bestreuen.

---

20 Winterkompott mit Zimt und Honig 450 ml Apfelsaft in einen großen Topf geben. Mit 1 Zimtstange, 2 EL dunklem Rum und 1 EL flüssigem Honig erwärmen. 400 g gemischte Trockenfrüchte (z. B. Feigen, Pflaumen, Aprikosen oder Rosinen) zugeben und aufkochen. Etwa 12 Minuten köcheln, bis die Früchte prall geworden sind. Etwas abkühlen lassen, dann in Schälchen füllen und warm servieren. Alternativ kalt stellen und griechischen Joghurt dazureichen.

---

30 Backobst für kalte Tage Den Backofen auf 200 °C vorheizen. 2 Blutorangen schälen, dabei auch die weiße Haut entfernen. Das Fruchtfleisch aus den Häuten lösen und in einzelne Segmente teilen. Mit 6 halbierten, entsteinten Pflaumen, 2 geviertelten Birnen und 75 g Trockenfeigen in eine Auflaufform legen. 2 EL dunklen Rum mit 2 EL flüssigem Honig, 1 kleinen Zimstange und 150 ml Apfelsaft mischen und über die Früchte gießen. Im Backofen in 20–25 Minuten weich backen. In 4 Dessertschalen anrichten und warm mit griechischem Joghurt servieren.

30 Panettonepudding mit Himbeeren

Für 4 Personen

50 g weiche Butter

8 Scheiben (je 1,5 cm) Panettone (Mailänder Kuchenspezialität mit kandierten Früchten und Rosinen, alternativ dazu Rosinenstuten)

100 g Himbeeren aus dem Tiefkühlfach, aufgetaut

500 ml Milch

3 Eier, verquirlt

50 g Zucker

1 TL Vanillezucker

1 EL gesiebter Puderzucker zum Bestäuben

- Den Backofen auf 180 °C vorheizen. Jeweils eine Seite der Kuchenstücke mit Butter bestreichen und dann die Scheiben leicht überlappend in eine flache, mit Butter bestrichene Auflaufform legen. Die Himbeeren darauf verteilen.
- Die Milch in einen Topf gießen und fast bis zum Aufkochen bringen. In der Zwischenzeit Eier, Zucker und Vanillezucker verrühren.
- Die heiße Milch zur Eiermischung geben, dabei ständig rühren. Über die Kuchenscheiben gießen und das Ganze im Backofen in etwa 20 Minuten leicht goldgelb backen. Mit Puderzucker bestäuben und mit Crème fraîche servieren.

---

10 **Panettonetoast mit Himbeeren** 8 dicke Panettonescheiben (Mailänder Kuchenspezialität mit kandierten Früchten und Rosinen, alternativ dazu Rosinenstuten) von beiden Seiten mit 75 g weicher Butter bestreichen. 1 große Grillpfanne erhitzen und 4 Scheiben bei mittlerer Hitze 2–3 Minuten darin braten, bis Grillstreifen sichtbar werden. Einmal wenden. Herausnehmen und mit den restlichen Scheiben ebenso verfahren. Auf Tellern anrichten und mit Himbeeren bestreuen. Dazu Vanillesauce reichen.

20 **Panettone mit Himbeerkompott** 8 dicke Scheiben Panettone (Mailänder Kuchenspezialität mit kandierten Früchten und Rosinen, alternativ dazu Rosinenstuten) von beiden Seiten mit 75 g weicher Butter bestreichen. 1 große Grillpfanne erhitzen und 4 Scheiben bei mittlerer Hitze 2–3 Minuten darin braten, bis Grillstreifen sichtbar werden. Einmal wenden. Herausnehmen und die restlichen 4 Scheiben ebenfalls grillen. In 4 Servierschüsseln legen und dick mit Puderzucker bestäuben. In der Zwischenzeit 400 g aufgetaute Himbeeren aus dem Tiefkühlfach mit 3 EL feinem Zucker und 2 EL Crème de Cassis in einen großen Topf geben und langsam erwärmen, bis die Himbeeren zerfallen und der Zucker sich vollständig aufgelöst hat. Dabei gelegentlich umrühren. Den Topf vom Herd nehmen und etwas abkühlen lassen. Über den Kuchen geben und mit Crème fraîche servieren.

20 Coffee-Cupcakes mit Pflaumen

Für 6 Personen
50 ml frisch zubereiteter Kaffee
2 EL Kakaopulver
150 g zerlassene Butter
2 große Eier, verquirlt
125 g brauner Zucker
75 g entsteinte Pflaumen
125 g Mehl
1 TL Backpulver

- Den Backofen auf 190 °C vorheizen. Eine Muffinform mit 12 Vertiefungen leicht fetten oder mit Papierförmchen auslegen.
- Den abgekühlten Kaffee in eine große Schüssel geben, das Kakaopulver hinzufügen und das Ganze mit der ebenfalls abgekühlten zerlassenen Butter glatt rühren.
- Eier und Zucker in die Kakaomischung einrühren. Die Pflaumen fein hacken und hinzufügen. Mehl und Backpulver vermischen und in die Schüssel sieben. Alle Zutaten gut vermengen.
- Die Mulden der Muffinform füllen und die Cupcakes im Backofen 10–12 Minuten backen. Warm oder kalt mit Schlagsahne servieren.

---

10 **Espresso-Pflaumen-Püree mit griechischem Joghurt** 50 ml frisch zubereiteten Espressokaffee mit 400 g Pflaumen in Sirup (abgetropft und grob gehackt) im Küchenmixer glatt pürieren. Nach Geschmack mit Honig oder Puderzucker süßen. 900 g Joghurt in 6 Schalen anrichten, das Espresso-Pflaumen-Püree daraufgeben und mit etwas Honig beträufeln.

30 **Tiramisu mit Espressopflaumen** Rührkuchen, mit Schokolade überzogen, in 6 dicke Scheiben schneiden. Je 1 Scheibe auf den Boden von 6 Dessertschälchen legen. Jeweils mit 1 EL kaltem, gesüßtem Espresso beträufeln. 125 g entsteinte Pflaumen klein würfeln und darauf verteilen. In jedes Schälchen 1 EL grob geriebene dunkle Schokolade streuen. In einer weiteren Schüssel 200 g Mascarpone mit 200 g Vanillepudding und 2 EL Kaffeelikör verrühren. Über die Pflaumen geben und mit je 1 weiteren EL geriebener Schokolade und 1 in Scheiben geschnittenen Pflaume garnieren. Vor dem Servieren 10 Minuten kalt stellen.

30 Orangen-Zitronen-Crème

Für 4 Personen

150 g Butterkekse, zerkrümelt
50 g Butter, zerlassen
8 EL Orangenmarmelade
4 EL Zitronenjoghurt
250 g Mascarpone
4 EL Sahne
2 EL Puderzucker, gesiebt
Orangen- und Zitronenscheiben oder gemischte frische Beeren zum Garnieren

- Die Kekskrümel mit der abgekühlten Butter in eine Schüssel geben und miteinander vermengen. In 4 Dessertgläser verteilen und jeweils mit dem Löffelrücken am Glasboden verstreichen. Je 1 EL Orangenmarmelade daraufgeben.
- Den Zitronenjoghurt mit Mascarpone, Sahne und Puderzucker in eine zweite Schüssel geben und zu einer glatten Mischung verrühren. Die Hälfte davon in die 4 Gläser geben. Je 1 EL Orangenmarmelade darauf verteilen, dann die restliche Mascarponemischung einfüllen. Etwa 15–20 Minuten kalt stellen. Die Crème je nach Geschmack mit Orangen- und Zitronenscheiben oder mit Beeren garnieren.

---

10 Orangen-Zitronen-Frischkäse 8 zerbröselte Löffelbiskuits auf den Boden von 4 Glasschälchen geben und mit je 1 EL Limoncello-Likör (italienischer Zitronenlikör) beträufeln. 5 Minuten ziehen lassen. Dann jeweils 1 EL Orangenmarmelade daraufgeben. In der Zwischenzeit 3 EL Zitronenjoghurt mit 2 EL gesiebtem Puderzucker und 300 g Frischkäse verrühren und auf den Löffelbiskuits verteilen. 12 Amarettini zerkrümeln und über das Dessert streuen.

20 Orangen-Zitronen-Kekse Den Backofen auf 200 °C vorheizen. In einer Schüssel 175 g weiche Butter mit 150 g Zucker, 1 großen, verquirlten Ei und 75 g gemahlenen Mandeln verrühren. 250 g Mehl zugeben und das Ganze zu einem weichen Teig verarbeiten. Aus dem Teig 24 Bällchen formen, diese auf 2 mit Backpapier belegte Backbleche setzen. Jeweils in die Mitte der Kugeln eine Vertiefung drücken. Die Hälfte der Kekse mit je ½ TL Orangenmarmelade, die andere Hälfte mit je ½ TL Zitronenmarmelade füllen. Im Backofen in ca. 12 Minuten leicht goldbraun backen. Auf einem Kuchengitter abkühlen lassen.

10 Waffeln mit Ingwersirup

Für 4 Personen

50 g Butter
4 EL Sahne
2 EL brauner Zucker
15 g eingelegter Ingwer, abgetropft und fein gehackt
2 EL Ingwersirup (vom eingelegten Ingwer)
8 Waffeln (FP)
8 Kugeln Vanilleeis

- In einem kleinen Topf Butter, Sahne, Zucker, gehackten Ingwer und Ingwersirup bei schwacher Hitze 5–6 Minuten erwärmen, bis die Butter geschmolzen ist und der Zucker sich vollständig aufgelöst hat. Dabei gelegentlich umrühren.
- In der Zwischenzeit die Waffeln im Toaster erwärmen. Auf Tellern anrichten. Mit jeweils 1 Kugel Vanilleeis garnieren. Die Waffeln mit Ingwersirup beträufeln und noch warm servieren.

---

20 **Arme Ritter mit Ingwersirup** In einem kleinen Topf 50 g Butter, 4 EL Sahne, 2 EL braunen Zucker, 15 g eingelegten Ingwer, abgetropft und fein gehackt, sowie 2 EL des dazugehörigen Ingwersirups 5–6 Minuten erwärmen, bis die Butter geschmolzen ist und der Zucker sich vollständig aufgelöst hat. Dabei gelegentlich umrühren. In der Zwischenzeit 2 Eier in eine große, flache Schüssel geben und mit 100 g Zucker und 250 ml Milch glatt rühren. 4 Scheiben bereits etwas altbackenes Weißbrot von beiden Seiten in die Mischung tauchen. In einer großen Pfanne 75 g Butter zerlassen und die Brotscheiben in 4–5 Minuten darin goldgelb braten, dabei einmal wenden. Auf Tellern anrichten und mit jeweils einer Kugel Vanilleeis garnieren. Mit Puderzucker bestäuben und mit dem Ingwersirup beträufeln.

30 **Biskuitpudding mit Ingwersirup** Den Backofen auf 180 °C vorheizen. Für den Ingwersirup in einem kleinen Topf 50 g Butter, 4 EL Sahne, 2 EL braunen Zucker, 15 g eingelegten Ingwer, abgetropft und fein gehackt, sowie 2 EL des dazugehörigen Ingwersirups 5–6 Minuten erwärmen, bis die Butter geschmolzen ist und der Zucker sich vollständig aufgelöst hat. Dabei gelegentlich umrühren. 4 kleine Puddingformen einfetten und mit jeweils 1 EL Ingwersirup befüllen. In einer großen Schüssel 75 g weiche Butter, 75 g Zucker, 75 g Mehl, 1 TL Backpulver, 1 großes Ei und 1 TL gemahlenen Ingwer vermengen. Die Zutaten zu einer cremigen Mischung aufschlagen und diese in die 4 Förmchen geben. Im Backofen in 15–18 Minuten goldgelb backen. In der Form etwa 1–2 Minuten abkühlen lassen, dann vorsichtig auf Teller stürzen. Mit jeweils 1 Kugel Vanilleeis und dem restlichen Ingwersirup servieren.

30 Blätterteiggebäck mit Vanillepudding und Pflaumen

Für 6 Personen

320 g Blätterteig aus dem Kühlregal
150 g Vanillepudding
1 EL brauner Zucker zzgl. etwas zum Bestreuen
1 TL gemahlener Zimt
2 EL gemahlene Mandeln
fein abgeriebene Schale von 1 unbehandelten Orange zzgl. etwas zum Garnieren
5 Pflaumen
1 kleines Ei, verquirlt

- Den Backofen auf 200 °C vorheizen. Ein Backblech mit Backpapier belegen.
- Den Blätterteig ausrollen und in 6 gleichmäßige Quadrate teilen. Auf das vorbereitete Backblech legen und mit Pudding bestreichen. Dabei jeweils 1 cm Rand frei lassen.
- In einer Schüssel Zucker, Zimt, Mandeln und Orangenschale vermischen. Die Pflaumen halbieren, entsteinen und in dünne Scheiben schneiden. Unter die Mischung heben und das Ganze diagonal mittig auf die Teigquadrate geben.
- Die Ränder mit Ei bestreichen. Jeweils zwei gegenüberliegende Spitzen zusammenbringen und gut zusammendrücken. Die Teigdreiecke mit dem restlichen Ei bestreichen und jeweils 1 TL braunen Zucker darüberstreuen. Im Backofen in 15–20 Minuten knusprig backen. Mit Orangenschalen garnieren und noch warm mit gesüßtem Mascarpone servieren.

10 Grillpflaumen mit Zimt und braunem Zucker

Den Backofengrill auf mittlerer Stufe vorheizen. Je nach Größe der Früchte 8–12 Pflaumen halbieren und entsteinen, mit der Schnittfläche nach oben nebeneinander in eine flache Auflaufform legen. Mit 2 EL Orangensaft beträufeln und mit 1 TL gemahlenem Zimt und 4 EL braunem Zucker bestreuen. Unter dem Grill 5–7 Minuten backen, bis der Zucker geschmolzen ist und eine goldbraune Färbung angenommen hat. Etwas abkühlen lassen und mit gesüßtem Mascarpone servieren.

20 Pflaumenkompott mit braunem Zucker

In einem kleinen Topf 400 ml Cranberrysaft und 200 ml Wasser mischen. 1 kleine Zimtstange, 2 Streifen der Schale von 1 unbehandelten Orange und 2 EL braunen Zucker hinzufügen. Bei mittlerer Temperatur unter Rühren erhitzen, bis der Zucker sich aufgelöst hat. Dann 8–12 halbierte Pflaumen zugeben und in etwa 10 Minuten weich köcheln. Etwas abkühlen lassen und mit gesüßtem Mascarpone servieren.

20 Schokoladenküchlein mit Datteln

Für 6 Personen

125 g Butter zzgl. etwas zum Fetten
150 g dunkle Schokolade
75 g entsteinte Datteln
2 große Eier
2 große Eigelb
75 g brauner Zucker
75 g Mehl zzgl. etwas zum Bestäuben

- Den Backofen auf 190 °C vorheizen. 6 kleine Puddingformen mit je 150 ml Fassungsvermögen einfetten und mit Mehl bestäuben. Überschüssiges Mehl abklopfen.
- Die Schokolade in Stücke brechen, die Datteln hacken. In einem kleinen Topf die Butter mit Schokolade und Datteln bei schwacher Hitze erwärmen, gelegentlich umrühren, bis Butter und Schokolade geschmolzen sind. Etwas abkühlen lassen.
- In der Zwischenzeit Eier, Eigelbe und Zucker in eine Schüssel geben und mit dem Mixer (Rührbesen) in 2–3 Minuten cremig schlagen. Das Mehl in die Schüssel sieben und unterrühren, dann die Schokoladenmischung unterziehen.
- Den Teig in die Puddingförmchen füllen, auf ein Backblech stellen und im Backofen etwa 10 Minuten backen, bis sie fest sind, auf der Oberseite jedoch noch leicht nachgeben. 1–2 Minuten ruhen lassen, dann auf Teller stürzen. Dazu Eiscreme oder Crème fraîche servieren.

---

10 **Schokoladenbrownies mit Datteln** Den Backofen auf 200 °C vorheizen. 6 Schokoladenbrownies (FP) leicht überlappend in eine Auflaufform legen. In einem kleinen Topf 175 g Butter mit 200 g in Stücke gebrochener dunkler Schokolade und 100 g entsteinten und gehackten Datteln bei schwacher Hitze erwärmen, gelegentlich umrühren, bis Butter und Schokolade geschmolzen sind. Die Sauce über die Brownies gießen. Im Backofen 7–8 Minuten backen. Mit Crème fraîche oder Eiscreme servieren.

30 **Brownies mit weißer Schokolade und Datteln** Den Backofen auf 190 °C vorheizen. 175 g Butter und 200 g in Stücke gebrochene dunkle Schokolade in einen kleinen Topf geben und unter gelegentlichem Rühren schmelzen. Den Topf vom Herd nehmen und 100 g entsteinte und gehackte Datteln unterrühren. In einer großen Schüssel 3 Eier mit 150 g Zucker cremig schlagen. Die abgekühlte Schokoladenmischung, 75 g Mehl, 1 TL Backpulver und 150 g gehackte weiße Schokolade untermengen. Eine quadratische Form (23 cm) mit Backpapier auslegen, dabei das Papier an den Seiten etwas überstehen lassen. Den Brownieteig hineingeben und glatt streichen. Im Backofen etwa 20 Minuten backen. In der Form abkühlen lassen, dann zum Servieren in Quadrate schneiden.

10 Feigen-Reis-Pudding mit Karamellhaube

Für 4 Personen

8 TL Feigenkonfitüre
500 g Milchreis aus dem Kühlregal
75 g getrocknete Feigen
fein abgeriebene Schale von 1 unbehandelten Zitrone
50 g feiner Zucker

- Den Backofengrill auf mittlerer Stufe vorheizen. 4 kleine hitzefeste Förmchen mit jeweils 2 TL Feigenkonfitüre füllen.
- Die Feigen fein hacken. Den Milchreis in eine Schüssel geben. Mit den Feigen und der Zitronenschale verrühren. Die Mischung in die Förmchen füllen.
- Den Reispudding mit Zucker bestreuen und unter dem heißen Grill 1–2 Minuten karamellisieren.
- Für etwa 1–2 Minuten ruhen lassen, damit der karamellisierte Zucker hart wird, dann sofort servieren.

---

20 **Milchreis mit gebackenen Feigen** Den Backofen auf 180 °C vorheizen. 8 halbierte Feigen mit der Schnittfläche nach oben in eine Auflaufform legen. 25 g Butter, 2 EL flüssigen Honig und 2 TL Zitronensaft in einen kleinen Topf geben und langsam erwärmen. Über die Feigen gießen und diese im Backofen in 15–20 Minuten weich backen. In der Zwischenzeit 500 g Milchreis aus dem Kühlregal bei mittlerer Hitze unter gelegentlichem Rühren erhitzen. Mit dem Mark von 1 Vanilleschote verfeinern. Den Reis auf Tellern anrichten und mit den gebackenen Feigen servieren.

---

30 **Zitronenmilchreis mit Feigen** In einem großen Topf 1 EL Butter zerlassen. 250 g Milchreis kurz in der Butter anschwitzen, dann 1 Liter zimmerwarme Vollmilch, 4 EL braunen Zucker und die fein abgeriebene Schale von 1 unbehandelten Zitrone hinzufügen. Bei mittlerer Hitze aufkochen, dabei ständig rühren, damit nichts anbrennt. Anschließend 25 Minuten köcheln, gegebenenfalls etwas mehr Milch zugießen, wenn der Reis zu trocken wirkt. 75 g gehackte Feigen 5 Minuten vor Ende der Garzeit einrühren. In Schälchen füllen und mit jeweils 1 EL Feigenkonfitüre garnieren.

10 Apfelsaft-Glühwein

Für 6 Personen
2,5 cm frischer Ingwer
1,5 l Apfelsaft
4 Nelken
2 Sternanis
1 kleine Zimtstange
1 kleine Orange
1–2 EL flüssiger Honig zum Süßen
50–75 ml Calvados oder Weinbrand

- Den Ingwer schälen und in Scheiben schneiden. Die Orange ebenfalls schälen und klein schneiden.
- Alle Zutaten außer dem Calvados in einen Topf geben und aufkochen. Anschließend 7–8 Minuten sanft köcheln lassen, damit die Aromen freigesetzt werden. Den Topf vom Herd nehmen.
- Die gewünschte Menge Calvados zugeben oder ganz darauf verzichten, wenn der Glühwein keinen Alkohol enthalten soll. In einer Punschschale oder in hitzefesten Gläsern servieren.

---

20 **Apfel-Cupcakes** Den Backofen auf 190 °C vorheizen. 125 g Mehl und 2 TL Backpulver in eine Schüssel sieben, 100 g weiche Butter, 125 g braunen Zucker, 2 EL Apfelmus, 1 kleinen geschälten und geriebenen Apfel und 2 Eier hinzufügen und die Zutaten gut vermengen. Die 12 Mulden einer Muffinform mit Papierförmchen auslegen und den Teig hineingeben. Im Backofen etwa 12–14 Minuten backen. In der Zwischenzeit 150 g Sahne in eine Schüssel geben und 150 g Frischkäse, ½ TL gemahlenen Zimt und 2 EL gesiebten Puderzucker hinzufügen und unterrühren. Zum Servieren jeweils einen Tupfer davon auf die Cupcakes geben.

30 **Tarte aux Pommes** Den Backofen auf 190 °C vorheizen. 320 g Blätterteig aus dem Kühlregal ausrollen und auf ein mit Backpapier bedecktes Backblech legen. Mit Butter bestreichen und im Backofen 8–10 Minuten backen, bis der Teig leicht aufgegangen ist und eine hellgelbe Farbe hat. In der Zwischenzeit 4 Äpfel schälen, entkernen und in dünne Scheiben schneiden. Mit 50 g Butter, 2 EL feinem braunem Zucker und 1 TL gemahlenem Zimt in einen Topf geben. Bei mittlerer Hitze die Äpfel weich garen. Den Teig gleichmäßig mit der Mischung bestreichen, dabei rundherum einen Rand frei lassen. Weitere 8–10 Minuten backen, bis der Teig knusprig ist und eine goldbraune Farbe angenommen hat. Etwas abkühlen lassen, dann die Tarte mit 50 g Aprikosenkonfitüre bestreichen. Mit geschlagener Sahne und mit etwas Zimt bestäubt servieren.

20 Buttercookies mit weißer und dunkler Schokolade

Für 6–8 Personen

150 g weiche Butter
200 g feiner Zucker
1 Ei, leicht verquirlt
200 g Mehl
½ TL Backpulver
25 g Kakaopulver
75 g weiße Schokolade, in Stücke gebrochen
75 g dunkle Schokolade, in Stücke gebrochen

- Den Backofen auf 180 °C vorheizen. 2 Backbleche mit Backpapier auslegen.
- Butter und Zucker in eine Schüssel geben und schaumig schlagen. Dann das Ei unterarbeiten. Mehl und Backpulver mischen und zusammen mit Kakao und Schokolade zugeben. Alles gut verrühren.
- Den Teig löffelweise auf die vorbereiteten Backbleche geben, dabei 8–9 Löffel pro Blech einplanen. Zwischen den Teigportionen genügend Abstand lassen, denn die Cookies laufen auseinander. Im Backofen etwa 8–10 Minuten backen, bis die Kekse an den Rändern fest sind. Auf einem Kuchengitter vor dem Servieren etwas abkühlen lassen.

---

10 Schichtpudding mit Schokoladencookies 200 g Schokoladencookies (FP) in einen Gefrierbeutel legen, diesen fest verschließen und mit einer Teigrolle die Kekse grob zerkrümeln. Auf den Boden von 6 kleinen Dessertschälchen jeweils 1 EL dunkle Schokoladensauce aus dem Glas verteilen. 400 g griechischen Joghurt in eine Schüssel geben und 4 EL Schokoladensauce einrühren, sodass ein Marmoreffekt entsteht. Die Hälfte der Mischung in die Gläser schichten, dann mit der Hälfte der Keksbrösel auffüllen. Noch einmal Sauce und Brösel darauf verteilen und servieren.

30 Cookies mit Schokoladenchips Den Backofen auf 200 °C vorheizen. 175 g Mehl, 25 g Kakaopulver und 2 TL Backpulver in eine Schüssel sieben. 100 g gewürfelte Butter zugeben und mit den Fingern so lange unterarbeiten, bis die Mischung bröselig ist. 100 g Schokoladencookies fein hacken und mit 50 g weißen Schokoladenchips hinzufügen. 1 leicht verquirltes Ei und etwa 1–2 EL Milch unterarbeiten, bis ein fester, klebriger Teig entsteht. 2 Backbleche mit Backpapier belegen und je 10–12 Teigportionen darauf verteilen. Dabei genügend Abstand zwischen den einzelnen Häufchen lassen. Im Backofen in 18–20 Minuten leicht goldbraun backen. Auf einem Kuchengitter abkühlen lassen.

30 Birnen-Blaubeer-Pie

Für 4–6 Personen

1 EL feiner Grieß
250 g Mürbeteig aus dem Kühlregal
Mehl zum Bestäuben
1 Eiweiß, leicht verrührt
3 reife, feste Birnen, geschält, entkernt und in Stücke geschnitten
125 g Blaubeeren aus der Tiefkühltruhe, aufgetaut
2 EL Zucker
½ TL gemahlener Zimt
½ TL gemahlener Ingwer

- Den Backofen auf 220 °C vorheizen. Ein Backblech mit Backpapier belegen und gleichmäßig mit Grieß bestreuen. Den Teig auf einer leicht bemehlten Arbeitsfläche zu einem Kreis (33 cm) ausrollen. Diesen auf das vorbereitete Backblech legen und mit einem Teil des Eiweißes bestreichen.
- Birnen und Blaubeeren in die Mitte legen, dabei rundherum einen 3,5 cm breiten Rand lassen. Zucker, Zimt und Ingwer in einer Schüssel mischen und 1 ½ EL davon über das Obst streuen.
- Den Rand anheben und über die Früchte schlagen, dabei ab und zu eine Falte legen, damit das Ganze kreisförmig wird, die Füllung im Inneren aber sichtbar bleibt. Mit dem restlichen Eiweiß bestreichen und mit der restlichen Zuckermischung bestreuen. Im Backofen 20–25 Minuten backen, bis der Teig knusprig ist und eine goldbraune Farbe angenommen hat. Warm mit Crème fraîche servieren.

---

10 **Birnen-Blaubeer-Crunch** 200 g zerbröselte Butterkekse mit 75 g zerlassener Butter vermengen. Jeweils 1 EL Blaubeerkonfitüre auf den Boden von 4 Glasschälchen streichen. 250 g Vanillepudding mit 150 g Naturjoghurt verrühren und die Hälfte davon auf der Blaubeerkonfitüre verteilen. Mit der Hälfte der zerkrümelten Kekse auffüllen. 3 geschälte, entkernte und in Scheiben geschnittene Birnen darauf verteilen. Die restliche Pudding-Joghurt-Mischung und die restlichen Keksbrösel hinzufügen und das Ganze mit einigen Blaubeeren garnieren.

---

20 **Birnen-Blaubeer-Gratin** Den Backofengrill auf mittlerer Stufe vorheizen. 3 Birnen schälen, entkernen und in Scheiben schneiden. Zusammen mit 125 g aufgetauten Blaubeeren (TK), ½ TL gemahlenem Zimt und ½ TL gemahlenem Ingwer in eine große Schüssel geben, 2 EL braunen Zucker hinzufügen und alles gut mischen. In eine Auflaufform füllen und unter dem Grill 4–5 Minuten backen. In der Zwischenzeit 300 g Vanillejoghurt mit 200 g Naturjoghurt verrühren. Auf den Früchten verteilen und mit 3 EL Zucker bestreuen. Weitere 3–4 Minuten grillen, bis der Zucker geschmolzen und leicht karamellisiert ist.

20 Rosinen-Zimt-Scones

Für 4–5 Personen

300 g Mehl zzgl. etwas zum Bestäuben
2 TL Backpulver
1 TL gemahlener Zimt
1 Prise Salz
75 g Butter
50 g brauner Zucker
75 g Rosinen
175 ml Buttermilch
1 kleines Ei, leicht verquirlt

- Den Backofen auf 220 °C vorheizen. Ein Backblech mit Backpapier belegen. Mehl, Backpulver, Zimt und Salz in eine große Schüssel sieben. Die Butter würfeln und mit den Fingern unterarbeiten, bis die Mischung bröselig ist. Zucker und Rosinen untermengen. Die Buttermilch zugießen und die Zutaten zu einem weichen, aber nicht klebrigen Teig verarbeiten.
- Auf einer leicht bemehlten Arbeitsfläche etwa 2,5 cm dick ausrollen. Mit einem Messer 10–12 Kreise (5 cm) ausschneiden.
- Die Scones auf ein großes Backblech legen. Mit verquirltem Ei bestreichen und im Backofen in 10–15 Minuten goldbraun backen. Auf einem Kuchengitter abkühlen lassen. Warm oder kalt mit Crème fraîche oder geschlagener Sahne servieren.

---

10 **Rosinen-Zimt-Kuchen aus der Pfanne** 200 g Mehl, 2 TL Backpulver und 1 TL gemahlenen Zimt in eine Schüssel sieben. 3 EL braunen Zucker untermengen und in die Mitte eine Vertiefung drücken. 1 großes Ei in einen Rührbecher geben und mit 250 ml Buttermilch vermischen. In die Vertiefung geben und mit den trockenen Zutaten vermengen, bis ein glatter, dicker Teig entsteht. 50 g Rosinen unterheben. Eine große Pfanne mit etwas Butter einstreichen und auf mittlerer Stufe erhitzen. Den Teig esslöffelweise mit genügend Abstand in die Pfanne geben und 1 Minute von jeder Seite braten. Wenden, sobald sich an der Oberfläche Bläschen gebildet haben. In weiteren 30 Sekunden goldbraun braten. Auf vorgewärmten Serviertellern anrichten und mit Crème fraîche oder geschlagener Sahne servieren.

30 **Zimt-Rosinen-Biskuit aus der Form** Den Backofen auf 190 °C vorheizen. 125 g weiche Butter in eine Schüssel geben. 100 g feinen braunen Zucker, 125 g gesiebtes Mehl, 2 TL Backpulver, 1 TL gemahlenen Zimt, 2 große Eier und 2 EL flüssigen Honig zugeben. Mit dem elektrischen Handrührgerät zu einer sämigen Mischung verrühren, dann 75 g Rosinen unterheben. Eine quadratische Kuchenform (23 cm) mit Backpapier auslegen, dabei das Papier am Rand überhängen lassen. Den Teig in die Form geben und im Backofen 20 Minuten backen. Auf einem Kuchengitter etwas abkühlen lassen, dann in Stücke schneiden und servieren.

30 Mandarinen-Vanille-Brownies

Für 6–8 Personen

175 g Butter
200 g dunkle Schokolade, in Stücke gebrochen
3 große Eier
Mark aus 1 Vanilleschote
75 g brauner Zucker
100 g weißer Zucker
75 g Mehl
1 TL Backpulver
300 g Mandarinen aus der Dose, abgetropft

- Den Backofen auf 190 °C vorheizen. Eine quadratische Kuchenform (23 cm) mit Backpapier auslegen, dabei das Papier am Rand etwas überhängen lassen.
- Butter und Schokolade in einen kleinen Topf geben und bei schwacher Hitze unter gelegentlichem Rühren schmelzen lassen. Beiseitestellen.
- In der Zwischenzeit Eier, Vanillemark und beide Zuckersorten in eine große Schüssel geben und schaumig schlagen. Zunächst das Mehl mit dem Backpulver einrühren, dann die geschmolzene Schokolade zugeben.
- Die Browniemischung in die vorbereitete Form füllen und mit den Mandarinen belegen.
- Im Backofen etwa 20 Minuten backen, bis der Kuchen fest ist, aber noch eine leichte Toffeekonsistenz hat. In der Form abkühlen lassen, herausnehmen und zum Servieren in Stücke schneiden.

---

10 **Mandarinen-Karamell-Dessert** Den Backofengrill auf mittlerer Stufe vorheizen. 600 g Mandarinen aus der Dose gut abtropfen lassen und in 6 kleine hitzefeste Formen verteilen. 300 g Crème fraîche in eine Schüssel geben und mit 2 TL Vanillezucker, 3 EL Puderzucker und 1 EL Orangenlikör verrühren, dann auf den Mandarinen verteilen. Mit jeweils 2 TL Zucker bestreuen und unter dem Backofengrill 1–2 Minuten karamellisieren. Den Karamell etwas fest werden lassen, dann sofort servieren.

---

20 **Vanillepudding mit Mandarinen** 4 große Eigelbe mit 1 TL Vanillezucker und 100 g Zucker verrühren. 350 ml Milch aufkochen und unter ständigem Rühren langsam mit der Eimischung verarbeiten. Das Ganze in einen sauberen Topf füllen und bei sehr schwacher Hitze unter Rühren ziehen lassen, bis der Pudding eingedickt ist. Auf keinen Fall kochen lassen. Den Topf vom Herd nehmen, 150 ml Sahne einrühren und sofort mit 600 g abgetropften Mandarinen aus der Dose servieren.

10 Flambierte Zimtbananen

Für 6 Personen
75 g Butter
6 reife, feste Bananen
50 g brauner Zucker
1 TL gemahlener Zimt
6 EL dunkler Rum
50 g Walnusskerne, grob gehackt

- In einem flachen, aber breiten Topf 75 g Butter bei mittlerer Hitze zerlassen. Die Bananen schälen, der Länge nach halbieren, in den Topf legen und in 3–4 Minuten goldbraun dünsten, dabei einmal vorsichtig wenden. Zucker und Zimt einstreuen und erhitzen, bis der Zucker sich aufgelöst hat.
- Den Rum zugießen und vorsichtig mit einem langen Streichholz anzünden, um die Bananen zu flambieren. Warten, bis die Flamme ausgegangen ist.
- Die Bananen auf vorgewärmten Serviertellern anrichten und mit den Nüssen bestreuen. Dazu Eiscreme reichen und sofort servieren.

20 **Bananen mit Nusskaramell** 125 g Walnusskerne in eine Pfanne legen und bei mittlerer Hitze etwa 2–3 Minuten rösten, dabei die Pfanne ab und zu leicht schwenken. 50 g Zucker und 1 TL gemahlenen Zimt einrühren, bis der Zucker geschmolzen ist. Ohne zu rühren, köcheln lassen, bis der Zucker eine goldbraune Farbe angenommen hat. Das Ganze auf ein mit Pergamentpapier ausgelegtes Backblech geben, verstreichen und abkühlen bzw. härten lassen (nicht im Kühlschrank). In der Zwischenzeit 250 g Karamellsauce aus dem Glas auf den Boden einer Tortenform (25 cm) streichen. 4 in Scheiben geschnittene Bananen darauflegen. 200 g Sahne mit ½ TL Zimtpulver und 2 EL Puderzucker steif schlagen und über die Bananen streichen. Die karamellisierten Walnüsse mit einer Teigrolle zerbrechen und über die Sahne streuen. Sofort servieren.

30 **Bananen-Walnuss-Pie** Den Backofen auf 220 °C vorheizen. Eine Obsttortenform (23 cm) leicht fetten und mit Mürbeteig aus dem Kühlregal auslegen. Den überschüssigen Teig abschneiden. 2 große Eier in eine Schüssel geben, 1 TL gemahlenen Zimt, 50 g Zucker, 4 EL flüssigen Honig, 25 g zerlassene Butter und 1 EL Zitronensaft hinzufügen und alles gut vermengen. Den Teigboden mit 1 in Scheiben geschnittenen Banane und 150 g Walnusskernen belegen. Die Ei-Honig-Mischung daraufgeben und die Pie im Backofen 18–20 Minuten backen. In der Form etwas abkühlen lassen, dann auf eine Tortenplatte legen, in Stücke schneiden und mit einer Kugel Vanilleeiscreme noch warm servieren.

30 Rhabarber-Orangen-Crumble

Für 4 Personen

500 g Rhabarber aus dem Tiefkühlfach, aufgetaut
100 g Himbeeren aus dem Tiefkühlfach, aufgetaut
125 ml frisch gepresster Orangensaft
15 g eingelegter Ingwer, abgetropft und fein gehackt
125 g Mehl
75 g Butter
100 g brauner Zucker
3 EL kernige Haferflocken
2 EL geröstete Mandelblätter
1 Prise Salz

- Den Backofen auf 190 °C vorheizen. Rhabarber und Himbeeren in eine Schüssel geben und mit Orangensaft und Ingwer mischen. Das Obst in 4 flache, feuerfeste Formen füllen.
- Das Mehl in eine Schüssel geben und die Butter einarbeiten, bis das Ganze bröselig ist. Zucker, Haferflocken, Mandeln und Salz unterrühren, dann die Mischung auf den Früchten verteilen.
- Im Backofen 18–20 Minuten backen, bis der Belag knusprig ist und eine goldbraune Farbe angenommen hat. Dazu eine Kugel Vanilleeisreme servieren.

---

10 Rhabarber-Himbeer-Joghurt 100 g aufgetaute Himbeeren (TK) in 4 Dessertgläser geben. In einer Schüssel 500 g Naturjoghurt mit 500 g aufgetautem Rhabarber (TK), 2 EL Orangensaft, 15 g eingelegtem Ingwer, abgetropft und gehackt, sowie 1–2 EL braunem Zucker verrühren. Das Ganze auf den Himbeeren verteilen. Mit jeweils 1 kleinen Handvoll knusprigem Hafer-Nuss-Müsli garnieren und sofort servieren.

---

20 Rhabarberauflauf mit Clementinen Den Backofen auf 200 °C vorheizen. 500 g aufgetauten Rhabarber (TK) in eine große Auflaufform legen. 2 Clementinen schälen, dabei auch die weiße Haut entfernen. Die Clementinen in etwa 1 cm dicke Scheiben schneiden und auf dem Rhabarber verteilen. Mit 3–4 EL braunem Zucker bestreuen. 100 g aufgetaute Himbeeren (TK) mit 100 ml frisch gepresstem Orangensaft und 15 g eingelegtem Ingwer, abgetropft und fein gehackt, vermischen und ebenfalls in die Auflaufform füllen. Im Backofen in etwa 13–15 Minuten weich backen, dabei ein- bis zweimal umrühren. Aus dem Ofen nehmen, etwas abkühlen lassen. Dazu Vanilleeiscreme mit Himbeersirup reichen.

20 Vanille-Cupcakes mit Blaubeermus

Für 6 Personen

125 g weiche Butter zzgl. etwas zum Fetten
200 g Blaubeeren aus dem Tiefkühlfach, aufgetaut
2 EL frisch gepresster Orangensaft
175 g Zucker
2 TL Vanillezucker
75 g Mehl
1 TL Backpulver
50 g gemahlene Mandeln
2 Eier
2 EL Sahne

- Den Backofen auf 190 °C vorheizen. Eine Muffinform mit 12 Vertiefungen einfetten.
- Die Blaubeeren in einen Topf geben. Orangensaft, 50 g vom Zucker und 1 TL Vanillezucker hinzufügen und bei mittlerer Temperatur unter gelegentlichem Rühren so lange erhitzen, bis der Zucker sich aufgelöst hat und die Früchte zerfallen.
- In der Zwischenzeit die restlichen Zutaten cremig rühren. Den Teig in die vorbereitete Form geben und die Cupcakes im Backofen etwa 12–15 Minuten backen, bis sie fest sind.
- Die warme Blaubeermischung im Küchenmixer glatt pürieren und in einen Krug füllen.
- Die Cupcakes warm mit dem Blaubeermus servieren.

---

10 **Blaubeer-Vanille-Törtchen** 150 g Sahne mit 1 TL Puderzucker und 1 TL Vanillezucker steif schlagen. 150 g Vanillepudding unterheben. 150 g aufgetaute Blaubeeren (TK) mit 2 EL Puderzucker und 1 TL Vanillezucker im Küchenmixer glatt pürieren. Die Vanillesahne in 6 Brandteigförmchen (FP) füllen und mit dem Mus beträufeln. Sofort servieren.

30 **Blaubeer-Vanille-Tarte** Den Backofen auf 200 °C vorheizen. 300 g Blaubeeren aus dem Tiefkühlfach auftauen lassen. 200 g Mürbeteig aus dem Kühlregal ausrollen und eine leicht gefettete Obstbodenform damit auslegen, dabei den überschüssigen Teig abschneiden. Einige Minuten kalt stellen. In der Zwischenzeit 100 g weiche Butter in eine Schüssel geben. 75 g gemahlene Mandeln, 75 g feinen Zucker, 2 Eier, 1 TL Vanillezucker, 50 g Mehl, 1 TL Backpulver und 2 EL Sahne hinzufügen und alle Zutaten gut verrühren. Die Mischung auf dem Teigboden verstreichen. Die Hälfte der Blaubeeren daraufstreuen. Im Backofen in etwa 20–22 Minuten goldbraun backen. In der Zwischenzeit im Küchenmixer die andere Hälfte der Blaubeeren mit 2 EL Puderzucker und 1 TL Vanillezucker glatt pürieren. Die fertige Tarte mit dem Blaubeermus garnieren.

10 Filotörtchen mit karamellisierten Äpfeln

Für 4–6 Personen

125 g Butter
5 Äpfel, geschält, entkernt und in dünne Scheiben geschnitten
2 EL brauner Zucker
1 ½ TL Zitronensaft
3 Blätter Filoteig (ca. 30 x 40 cm) aus dem Kühlregal
2 EL geröstete, gehackte Haselnüsse

- Den Backofen auf 220 °C vorheizen. In einer großen Pfanne 125 g Butter zerlassen und ein Drittel davon in eine kleine Schüssel gießen. Äpfel, Zucker und Zitronensaft in die Pfanne geben und bei mittlerer Hitze in 7–8 Minuten goldgelb dünsten. Ab und zu wenden.
- In der Zwischenzeit jedes Teigblatt mit der beiseitegestellten zerlassenen Butter bestreichen und die 3 Teigblätter aufeinanderlegen. Daraus 12 Quadrate schneiden. Die Quadrate leicht überlappend in die 12 Mulden einer Muffinform legen und im Backofen in 7–8 Minuten goldbraun und knusprig backen.
- Die Törtchen auf Serviertellern anrichten und mit den karamellisierten Äpfeln und den Haselnüssen füllen. Zum Servieren mit Karamellsauce beträufeln.

---

20 Pancakes mit Äpfeln und Haselnüssen 200 g Mehl, 1 TL gemahlenen Zimt und 2 TL Backpulver in eine Schüssel sieben und in die Mitte eine Vertiefung drücken. In einer zweiten Schüssel 2 Eier mit 125 ml Milch und 3 EL Zucker verrühren. In die Vertiefung gießen und nach und nach mit den trockenen Zutaten vermengen. 2 EL geröstete, gehackte Haselnüsse und 1 kleinen, geschälten, entkernten und grob geriebenen Apfel unterrühren. In einer großen Pfanne 1 EL Butter zerlassen. 4 kleine Kellen Teig in die Pfanne geben und verstreichen. Bei mittlerer Hitze 2–3 Minuten braten, wenden und kurz weiterbraten. Mit dem restlichen Teig ebenso verfahren. Mit Ahornsirup beträufeln und warm servieren.

---

30 Apfel-Haselnuss-Strudel Den Backofen auf 220 °C vorheizen. In einer Pfanne 25 g Butter zerlassen und 3 geschälte, entkernte und in Scheiben geschnittene Äpfel darin andünsten. Die Apfelscheiben in eine Schüssel geben. 1 TL gemahlenen Zimt, 2 EL geröstete, gehackte Haselnüsse, 2 EL braunen Zucker und die fein abgeriebene Schale von 1 unbehandelten Zitrone zugeben. Das Ganze vermischen. 3 Blätter Filoteig (ca. 30 x 40 cm) aus dem Kühlregal mit 40 g zerlassener Butter bestreichen und aufeinanderlegen. Die Teigplatte in 3 Rechtecke schneiden. Jedes Rechteck mit 2 TL gemahlenen Haselnüssen bestreuen, dann die Füllung darauf verteilen. Die Rechtecke aufrollen, dabei die Enden einschlagen. Die Strudel auf ein mit Backpapier bedecktes Backblech legen und im Backofen in 15–20 Minuten goldbraun und knusprig backen. Zum Servieren mit warmer Schokoladensauce beträufeln.

30 Kirsch-Aprikosen-Cobbler

Für 6 Personen

1 Glas entsteinte Sauerkirschen (680 g)
1 Dose Aprikosen (410 g)
2 EL Amaretto
100 g Mehl
50 g Butter
25 g Zucker
1 Prise Salz
1 Ei, leicht verquirlt
25 g Haferflocken

- Den Backofen auf 200 °C vorheizen. Kirschen, Aprikosen und Amaretto in einen Topf geben. Bei mittlerer Hitze 3–4 Minuten erwärmen.
- Das Mehl in eine Schüssel sieben. Die Butter würfeln und mit den Fingern unterarbeiten, bis das Ganze bröselig ist. Zucker und Salz hinzufügen, dann das Ei unterrühren und das Ganze kurz zu einem Teig kneten.
- Die Fruchtmischung aus dem Topf in eine große Auflaufform füllen. Den Teig tupferweise darauf verteilen. Mit Haferflocken bestreuen und im Backofen in 18–20 Minuten goldbraun backen.
- Den Cobbler in Servierschüsseln füllen und Eiscreme oder Vanillesauce dazureichen.

---

10 Kirschen und Aprikosen mit Knusperhaferflocken 75 g Haferflocken in eine Schüssel geben. 50 g braunen Zucker, 50 g zerlassene Butter und 50 g gehackte Haselnüsse zugeben und alles gut vermischen. In eine große Pfanne geben und unter häufigem Rühren in 6–7 Minuten knusprig braten. Beiseitestellen. In der Zwischenzeit in einem Topf 1 Glas entsteinte Sauerkirschen (680 g) und 1 Dose Aprikosen (410 g) mit 2 EL Amaretto erwärmen. Das Obst in Dessertschüsseln füllen und mit den knusprigen Haferflocken servieren.

---

20 Kirsch-Aprikosen-Crumble Den Backofen auf 200 °C vorheizen. In einem Topf 1 Glas entsteinte Sauerkirschen (680 g) und 1 Dose Aprikosen (410 g) mit 2 EL Amaretto erwärmen. In der Zwischenzeit in einer Schüssel 75 g Haferflocken, 50 g braunen Zucker, 50 g zerlassene Butter und 50 g gehackte Haselnüsse vermischen. Das Obst in eine Auflaufform füllen und den Crumblebelag darauf verteilen. Im Backofen in etwa 15 Minuten goldbraun und knusprig backen. Dazu Eiscreme oder Vanillesauce reichen.

10 Heiße Schokolade mit Irish Cream

Für 4 Personen

200 g dunkle Schokolade zzgl. etwas zum Bestreuen
900 ml Milch
150 g Sahne
1 EL Puderzucker
75 ml Irish-Cream-Likör
1–2 EL Zucker

- Die Schokolade grob reiben und in einen hitzefesten Krug geben. Die Milch in einen Topf gießen und fast zum Kochen bringen.
- In der Zwischenzeit die Sahne mit dem Puderzucker steif schlagen. Dann 1 EL des Likörs unterrühren.
- Etwa ein Viertel der heißen Milch in den Krug gießen und rühren, bis die Schokolade geschmolzen ist. Die restliche Milch langsam unter Rühren zugeben. Den restlichen Likör unterrühren und je nach Geschmack Zucker hinzufügen.
- Die heiße Schokolade in Becher gießen und mit jeweils einem Tupfer Schlagsahne garnieren. Mit geriebener Schokolade bestreuen und sofort servieren.

---

20 **Kaffee Latte mit Irish Cream** 600 ml Milch mit 1 Zimtstange und ¼ TL gemahlener Muskatnuss in einen Topf geben und so lange erhitzen, bis sie fast kocht. Vom Herd nehmen und 75 ml Irish Cream einrühren. 10 Minuten ruhen lassen, damit die Aromen der Gewürze sich entfalten können. In der Zwischenzeit 4 Tassen starken Kaffee zubereiten und in große Becher füllen. Die gewürzte Milch durch ein Sieb dazugießen und sofort servieren. Nach Belieben mit Zucker oder Honig süßen.

---

30 **Chai-Tee mit Irish Cream** 3 EL schwarze Teeblätter in einen Topf geben. 1 Zimtstange, 4 Nelken, 1 Sternanis, 3 zerdrückte Kardamomkapseln, 4 Koriandersamen und 1,5 cm geschälten und in Scheiben geschnittenen Ingwer hinzufügen. 750 ml Milch zugießen und bei schwacher Hitze unter gelegentlichem Rühren 20 Minuten erhitzen, aber nicht kochen lassen. Den Tee vom Herd nehmen und 75 ml Irish Cream einrühren. In vorgewärmte Becher gießen und nach Geschmack mit flüssigem Honig süßen.

30 Winterbeerentorte mit Baiserhaube

Für 6 Personen

400 g gemischte Beerenfrüchte aus dem Tiefkühlfach, aufgetaut
250 g Mascarpone
1 TL Vanillezucker
2 EL Puderzucker
3 EL Cranberrysaft
1 Biskuit-Tortenboden
3 große Eiweiß
150 g Zucker

- Den Backofengrill auf mittlerer Stufe vorheizen. Ein Backblech mit Backpapier belegen.
- Die aufgetauten Früchte in eine Schüssel oder einen Küchenmixer geben, dabei 1 Handvoll zum Garnieren beiseitelegen. Mascarpone, Vanillezucker, Puderzucker und Cranberrysaft zugeben und alles zu einer sämigen, glatten Mischung verarbeiten.
- Die Mischung auf dem Biskuitboden verstreichen. Den Boden auf das Backblech setzen, locker mit Frischhaltefolie einschlagen und 15 Minuten in den Gefrierschrank stellen.
- In der Zwischenzeit für das Baiser das Eiweiß steif schlagen. Den Zucker löffelweise einrieseln lassen. Dabei die ganze Zeit rühren, bis die Baisermischung eine dicke Konsistenz hat und glänzt.
- Den Tortenboden aus der Kühlung nehmen. Das Baiser auf die Früchte streichen und mit dem Rücken eines Löffels zu Spitzen formen. 1–2 Minuten unter den Grill stellen, bis die Spitzen leicht Farbe angenommen haben.
- In Stücke schneiden und mit einigen Beerenfrüchten garnieren. Sofort servieren.

---

10 Biskuittörtchen mit Mascarponebeeren

In einer Schüssel 400 g aufgetaute gemischte Beeren aus dem Tiefkühlfach mit 250 g Mascarpone, 1 TL Vanillezucker, 2 EL Puderzucker und 2 EL Crème de Cassis vermischen. 6 Biskuittörtchen (FP) mit der Beeren-Mascarpone-Mischung füllen. Mit jeweils einem Tupfer geschlagener Sahne und zwei Minzblättchen garnieren. Sofort servieren.

20 Baiser-Trifle mit Beeren

6 Stücke Schokoladenrührkuchen (FP oder vom Vortag) in 2,5 cm große Würfel schneiden und diese auf dem Boden einer großen Servierschüssel verteilen. Mit 4 EL Crème de Cassis beträufeln und ruhen lassen. In der Zwischenzeit in einer Schüssel 400 g aufgetaute gemischte Beeren aus dem Tiefkühlfach mit 250 g Mascarpone, 1 TL Vanillezucker, 2 EL Puderzucker und 3 EL Cranberrysaft zu einer sämigen Mischung verarbeiten. 10–12 Minuten in den Gefrierschrank stellen. In einer zweiten Schüssel 200 g Sahne mit 1 TL Vanillezucker und 2 EL Puderzucker steif schlagen. Die geeisten Beeren auf dem Kuchen verstreichen und mit der geschlagenen Sahne bedecken. Mit einer Handvoll Beeren garnieren und sofort servieren.

20 Friands mit Zitrusfrüchten

Für 6 Personen

175 g Butter zzgl. etwas zum Fetten
5 große Eiweiß
fein abgeriebene Schale von 1 unbehandelten Zitrone
fein abgeriebene Schale von 1 unbehandelten Limette
2 EL Orangenmarmelade
75 g Mehl
200 g Puderzucker
125 g gemahlene Mandeln
1 Prise Salz
25 g Zucker
75 ml frisch gepresster Orangensaft

- Den Backofen auf 200 °C vorheizen. Die 12 Vertiefungen einer Friandform mit zerlassener Butter bestreichen.
- Die Butter in einem kleinen Topf zerlassen. In einer Schüssel das Eiweiß mit den Zitrusschalen und der Marmelade schaumig schlagen. Mehl und Puderzucker in die Schüssel sieben, dann gemahlene Mandeln, Butter und Salz unterziehen.
- Den Teig in die vorbereitete Form füllen und im Backofen in etwa 12 Minuten goldbraun backen.
- In der Zwischenzeit in einem kleinen Topf Zucker und Orangensaft bei schwacher Hitze erwärmen, bis sich der Zucker aufgelöst hat. Köcheln lassen, dabei gelegentlich umrühren. Sobald die Flüssigkeit an Sirup erinnert, den Topf vom Herd ziehen.
- Die Friands aus dem Ofen nehmen und sofort mit dem Sirup beträufeln. In der Form abkühlen lassen, bis die Flüssigkeit vollständig absorbiert wurde.

---

10 **Muffins mit Zitrusfruchtsirup** In einem kleinen Topf 4 EL Orangenmarmelade mit 1 EL Zucker, 3 EL frisch gepresstem Saft von 1 Zitrone, 1 Limette und 1 Orange vermischen. Langsam erwärmen, bis der Zucker sich aufgelöst hat und das Ganze an Sirup erinnert. In der Zwischenzeit 6 Zitronenmuffins (FP oder vom Vortag) in Dessertschalen anrichten. Den Sirup darüberträufeln und mit je 1 Kugel Zitroneneis servieren.

30 **Zitrusfruchtpudding** Den Backofen auf 190 °C vorheizen. Die 6 Mulden einer Muffinform fetten und mit jeweils 1 EL Orangenmarmelade füllen. 100 g Zucker mit 100 g Mehl, 75 g gemahlenen Mandeln, 1 TL Backpulver und ½ TL Natron in eine Schüssel geben. 100 g abgekühlte zerlassene Butter in eine zweite Schüssel gießen und mit 125 g Naturjoghurt, 2 Eiern, der fein abgeriebenen Schale von je 1 unbehandelten Zitrone und Limette verrühren. Zu den trockenen Zutaten hinzufügen und gut vermengen. Den Teig auf die Marmelade geben und die kleinen Puddingdesserts im Backofen 18–20 Minuten backen. Vorsichtig stürzen und auf einen Servierteller legen. Mit jeweils 1 Kugel Zitrusfruchtsorbet servieren.

30 Schokoladenpudding mit Birnen

Für 6 Personen

6 mittelgroße Birnen
75 g Butter, zerlassen und abgekühlt, zzgl. etwas zum Fetten
100 ml Milch
1 großes Ei
125 g Mehl
1 TL Backpulver
3 EL Kakaopulver
125 g Zucker
75 ml kochendes Wasser

- Den Backofen auf 200 °C vorheizen. Die Birnen schälen, entkernen und halbieren. Eine große Auflaufform leicht fetten und den Boden mit den Birnenhälften belegen.
- In einer großen Schüssel Butter, Milch und Ei verrühren. Mehl, Backpulver und 2 EL vom Kakao dazusieben, 75 g vom Zucker hinzufügen und das Ganze verrühren.
- Den Teig auf die Birnen geben und glatt streichen.
- In einer zweiten Schüssel den restlichen Zucker und Kakao mit dem kochenden Wasser verrühren. Über den Teig gießen. Den Pudding im Backofen etwa 20 Minuten backen, bis er gut aufgegangen ist und eine feste Konsistenz hat. Etwa 1–2 Minuten ruhen lassen. Mit Vanilleeiscreme servieren.

10 **Schoko-Birnen-Crumble** 6 mittelgroße Birnen schälen, entkernen und grob würfeln. In 6 kleine Schüsseln füllen. 250 g Sahne mit dem Mark von 1 Vanilleschote und 50 g Zucker aufkochen. 100 g fein gehackte dunkle Schokolade nach und nach in der Sahne schmelzen lassen, bis eine cremige Sauce entstanden ist. Die Schokoladensauce über die Birnen gießen. Mit 150 g zerkrümelten Haferkeksen (FP) bestreuen und mit je 1 Kugel Vanilleeiscreme servieren.

20 **Birnenkompott mit Schokoladensauce** 1,2 l Apfelsaft in einen großen Topf geben und 2 EL flüssigen Honig, 1 TL Vanillezucker und 2 TL Zitronensaft einrühren. Bei mittlerer Hitze aufkochen, dann 6 geschälte, entkernte und geviertelte Birnen hinzufügen. Etwa 15 Minuten köcheln lassen, bis die Birnen weich sind. In der Zwischenzeit 250 g Sahne mit dem Mark von 1 Vanilleschote und 50 g Zucker aufkochen. 100 g fein gehackte dunkle Schokolade nach und nach in der Sahne schmelzen lassen, bis eine cremige Sauce entstanden ist. Die Birnen mit dem Saft in 6 Dessertschalen geben und mit warmer Schokoladensauce beträufeln. Dazu Vanilleeiscreme servieren.

30 Buttermilchmuffins mit Zimt und Zucker

Für 6 Personen
200 g Mehl
2 TL Backpulver
1 ½ TL gemahlener Zimt
500 g Kleie
100 g Zucker
3 EL Demerarazucker
2 große Eier
1 reife Banane, zerdrückt
50 g Butter, zerlassen
175 ml Buttermilch

- Den Backofen auf 180 °C vorheizen. Die 12 Mulden einer Muffinform mit Papierförmchen auslegen.
- Mehl, Backpulver und ½ TL vom Zimt in eine Schüssel sieben. Kleie und Zucker unterrühren. In einer zweiten Schüssel den restlichen Zimt mit dem Demerarazucker mischen.
- In einer dritten Schüssel Eier, Banane, Butter und Buttermilch verrühren. Zu der Mehlmischung gießen und das Ganze gut vermengen.
- Den Teig in die vorbereitete Form füllen und mit der Zimt-Zucker-Mischung bestreuen. Im Backofen 18–20 Minuten backen, bis die Muffins aufgegangen sind.
- Auf einem Kuchengitter etwas abkühlen lassen und noch warm servieren.

---

10 Pfannkuchen mit Zimtsirup Für die Pfannkuchen 200 g Mehl mit 350 ml Milch, 5 Eiern und 1 Prise Salz verrühren. In einer Pfanne Butter zerlassen und aus dem Teig 6 Pfannkuchen backen, dabei jeweils einmal wenden. In der Zwischenzeit in einem kleinen Topf 6 EL Ahornsirup mit 1 TL gemahlenem Zimt und 1 TL Zitronensaft verrühren und erwärmen. Die fertig gebackenen Pfannkuchen auf 6 Tellern anrichten. Mit jeweils 1 kleinen, in Scheiben geschnittenen Banane und 1 kleinen Handvoll Blaubeeren belegen. Mit Zimtsirup beträufeln. Dazu Vanilleeiscreme servieren.

---

20 Blaubeer-Cupcakes mit Zimtaroma
Den Backofen auf 200 °C vorheizen. In einer großen Schüssel 125 g Zucker, 125 g weiche Butter, 125 g Mehl, 2 TL Backpulver, 1 TL gemahlenen Zimt und 2 große Eier cremig rühren.100 g aufgetaute und abgetropfte Blaubeeren (TK) zugeben. In die 12 Mulden einer Muffinform Papierförmchen setzen und den Teig hineingeben. 10–14 Minuten backen, bis die Cupcakes aufgegangen sind. In der Zwischenzeit 1 EL Puderzucker mit ½ TL gemahlenen Zimt mischen. Die Cupcakes auf einem Kuchengitter abkühlen lassen und vor dem Servieren mit dem Zimtzucker bestäuben.

Stichwortregister

Die Seitenzahlen in kursiver Schrift verweisen auf Fotos.